前　言

　　宁波历史悠久,是具有7000多年文明史的"河姆渡文化"的发祥地,同时山川秀丽、人文荟萃,也是理想的旅游胜地。新时代背景下,旅游文化领域的新发展对日语导游人员的能力、素质提出了更高的要求。为了满足培养高素质日语导游的需要,并结合日本游客来甬旅游的实际需求,在宁波旅游行业专家和学院专业教师的组织和策划下,经过一年的努力,我们编写了具有地方特色、服务地方旅游发展的《旅游日语》教材。

　　本教材以宁波旅行为主线,融入旅游业务和旅游日语知识,使学习者通过对全篇观光行程的完整学习,全面拓展旅游观光业务知识,提升语言能力。

　　本教材所选编的文章内容涵盖了旅游业的六大基本要素——交通、住宿、餐饮、观光、购物、娱乐,此外还涉及当前一些热点问题,如传统文化等,响应了二十大报告精神:传承中华优秀传统文化、增强中华文明传播力影响力。除部分文章选自当前最新的报纸杂志和网站外,会话和练习均由编者自行编写,语言原汁原味,内容丰富新颖,集实用性、趣味性和时代性于一体,有助于学生开阔视野,增长见识,了解宁波旅游业的各个方面。教材还附有常用的旅游日语词汇,方便学习者检索。本教材可供旅游、日语相关专业的学生使用,也可供具有一定日语基础的旅游业从业人员使用。

　　本教材将日语导游工作技能按导游工作流程划分,分为机场篇、交通篇、住宿篇、美食篇、景点篇、购物篇、传统文化篇等七个单元,共27课。具体如下:

　　机场篇包括入境过海关、接机、送机出境等3课。

　　交通篇包括飞机、高铁、地铁、公交车等4课。

　　住宿篇包括酒店入住、酒店服务指南、客房服务、麻烦事与投诉、退房等5课。

　　美食篇包括百年老店、家常菜、酒文化、茶文化、街头美食等5课。

景点篇包括天一阁、阿育王寺、天童寺、河姆渡遗址等4课。

购物篇包括宁波商圈概况、工艺品购买、传统节日与购物等3课。

传统文化篇包括剪纸、元宵节、竹艺等3课。

此外，每课分为前文、会话、词汇、语法表达、练习等五部分。

本教材编写人员有：卢海英、李慧、杨维波、钱菁菁、周尧、乔羽、张燕、卢杭央。我们在编写过程中得到了校外企业专家的支持和帮助，日籍教师井村有希对全书进行了审阅与修改，在此一并表示感谢。

另外，在选材及编写过程中，我们参考了许多书籍资料及网络资源，使我们受益匪浅。由于学识浅薄、水平有限，疏漏之处在所难免，诚望得到各方面的批评、指正，以便我们不断完善。

编者

2023年3月

旅游日语

观光日本語

主　编　卢杭央
副主编　杨维波　卢海英　李　慧
　　　　周　尧　钱菁菁　乔　羽　张　燕

ZHEJIANG UNIVERSITY PRESS
浙江大学出版社
·杭州·

图书在版编目(CIP)数据

旅游日语 / 卢杭央主编. —杭州:浙江大学出版
社,2023.7
ISBN 978-7-308-23878-6

Ⅰ. ①旅… Ⅱ. ①卢… Ⅲ. ①旅游—日语 Ⅳ.
①F59

中国国家版本馆 CIP 数据核字(2023)第099419号

旅游日语
LÜYOU RIYU

卢杭央 主编

责任编辑	郑成业
责任校对	李 晨
封面设计	春天书装
出版发行	浙江大学出版社

(杭州市天目山路148号 邮政编码310007)

(网址:http://www.zjupress.com)

排 版	杭州朝曦图文设计有限公司
印 刷	杭州捷派印务有限公司
开 本	787mm×1092mm 1/16
印 张	16.75
字 数	322千
版 印 次	2023年7月第1版 2023年7月第1次印刷
书 号	ISBN 978-7-308-23878-6
定 价	55.00元

目　次

第一单元　空港篇

第 1 課

機内用語

・皆様、まもなく離陸_{りりく}いたします。座席_{ざせき}ベルトをもう一度お確かめください。

・ただ今より中国の入国書類_{にゅうこくしょるい}をお持ちいたします。お手元_{てもと}にお持ちでないお客様は乗務員_{じょうむいん}にお声をおかけください。

・只今悪天候_{ただいまあくてんこう}のため、機内が激しく揺_ゆれております。シートベルトをお締_しめください。

・お席にお戻りになり、座席から離れないようお願いいたします。また、お手洗いなどのご使用はご遠慮ください。

・当便_{とうびん}の機内サービスのご案内を申し上げます。まずお飲み物をお持ちいたします。次にお食事をお持ちいたします。

・ただいまより免税品の販売をいたします。お近くの客室乗務員にお声をおかけください。

・皆様、まもなく着陸いたします。座席と前のテーブルを元の位置にお戻しください。

・皆様、ただ今上海国際空港に着陸いたしました。機体が完全に停止し、座席ベルト着用サインが消えるまでお席にお座りになってお待ちください。ただ今の現地時刻は、1月24日、午後2時15分でございます。天候は晴れ、気温は7度でございます。

（登場人物：旅客、審査官、税関係）

➢ 入国

旅客：パスポート審査はここですか。

審査官：はい、こちらです。パスポートと入国カードをご用意ください。

旅客：はい、わかりました。入国カードは鉛筆で書いてもいいですか。

審査官：いいえ、鉛筆ではだめです。ペン、サインペン、ボールペンしか使えません。

旅客：はい、わかりました。（審査官にパスポートと入国カードを提出して）お願いします。

審査官：どうも、どのくらい日本に滞在されますか。

旅客：一ヶ月の予定です。

審査官：ご滞在の目的は何ですか。

旅客：ビジネスです。

審査官：上海以外には、どこへ行かれますか。

旅客：寧波へ行きたいです。

審査官：どこにお泊まりになりますか。

旅客：寧波南苑ホテルに泊まる予定です。

審査官：帰りの航空券はお持ちですか。

旅客：はい、これです。

審査官：はい、結構です。税関のほうへどうぞ。

旅客：ありがとうございます。

➤ **税関**

税関係：皆様、ご自分の荷物を取り出したら、こちらで税関の手続きをしてください。免税範囲内の方は緑の非課税通路を、免税範囲を超える方は赤の課税通路を通ってください。

旅客：はい、私は赤の通路を通ります。荷物は全部ここへ運ぶのですか。

税関係：そうです。携帯品申告書を見せてください。

旅客：はい、どうぞ。

審査官：すみませんが、お荷物を検査台に置いて、開けてください。

旅客：はい。スーツケースとボストンバッグを全部開けますか。

審査官：はい、お願いします。これは携帯電話ですね。

旅客：はい、わたしの携帯です。これは日本のタバコで、友達のお土産にします。

審査官：タバコの持ち込みは2カートンに限りますので、1カートン超えていますね。

旅客：そうですか。それでは、どうしたらいいでしょうか。困りましたね。

審査官：大丈夫ですよ。余分な分は税金を払えば大丈夫です。あるいは、ここに一時預けておいて、お帰りのときお取りになっても結構です。

旅客：それは助かりました。税金を払います。

審査官：外貨はいくらお持ちですか。

旅客：旅行小切手が20万円、現金が10万円です。

審査官：それでは、外貨を申告書に記入してください。

旅客：はい。ご親切にどうもありがとう。

税関係：ほかに何かありますか。

旅客：日本の小説二冊と身の回り品だけです。

税関係:それはかまいません。通関<ruby>通関<rt>つうかん</rt></ruby>の手続きはこれで全部終わりました。どうもありがとうございます。

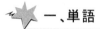 **一、単語**

機内(きない):飞机内

ベルト(belt):安全带

離陸(りりく):起飞

入国書類(にゅうこくしょるい):入境资料

手元(てもと):手里,手边

乗務員(じょうむいん):乘务员

悪天候(あくてんこう):恶劣天气

揺れる(ゆれる):摇晃

締める(しめる):系上

免税品(めんぜいひん):免税商品

販売(はんばい):出售

着陸(ちゃくりく):着陆

サイン(sign):签名,指示

審査官(しんさかん):审查官

滞在(たいざい):逗留,停留

ビジネス(business):商务

税関(ぜいかん):海关

免税範囲(めんぜいはんい):免税范围

非課税通路(ひかぜいつうろ):无申报通道,免验通道

超える(こえる):超过

スーツケース(suit case):旅行皮箱

ボストンバッグ(Boston bag):(旅行用的)手提包

限る(かぎる):限于

カートン(carton):一条(10包,每包20支)

余分(よぶん):多出,多余

外貨(がいか):外币,外汇

旅行小切手(りょこうこぎって):旅行支票

身の回り品(みのまわりひん):随身物品

通関(つうかん):报关,结关

 二、文型表現

1. お手元にお持ちでないお客様は乗務員にお声をおかけください。

　 还没有拿到的旅客请向乘务员索取。

2. 只今悪天候のため、機内が激しく揺れております。シートベルトをお締めください。

　 由于恶劣天气影响,飞机正在颠簸,请系好安全带。

3. 機体が完全に停止し、座席ベルト着用サインが消えるまでお席にお座りになって

　 お待ちください。

　 在飞机完全停止,安全带指示灯完全熄灭之前,请不要擅自离开座位。

4. パスポートと入国カードをご用意ください。

　 请准备好护照和入境卡片。

5. 入国カードは鉛筆で書いてもいいですか。

　 入境卡片可以用铅笔写吗?

6. 寧波南苑ホテルに泊まる予定です。

　 打算住在宁波南苑饭店。

7. ご自分の荷物を取り出したら、こちらで税関の手続きをしてください。

请拿好自己的行李后,到这里来办理海关手续。

8. タバコの持ち込みは2カートンに限りますので、1カートン超えていますね。

   随身携带的香烟每人限带两条,您超带了一条。

9. ここに一時預けておいて、お帰りのときお取りになっても結構です。

   暂时寄存在这里,等您回国时再带回去也可以。

10. 外貨を申告書に記入してください。

   请填报外币。

 三、練習問題

(一)本文の内容に基づいて質問に答えなさい。

1. 飛行機が離陸するとき、何を確認する必要がありますか。

2. 飛行機が着陸するとき、どうしたらいいですか。

3. 入国カードは鉛筆で書いてもいいですか。

4. 飛行機でタバコを持つことができますか。限りがありますか。

5. もし持っているものが制限を超えた場合は、どうしたらいいですか。

(二)次の文を中国語に訳しなさい。

1. お席にお戻りになり、座席から離れないようお願いいたします。また、お手洗いなどのご使用はご遠慮ください。

2. ただいまより免税品の販売をいたします。お近くの客室乗務員にお声をおかけください。

3. 免税範囲内の方はグリーン通路を、免税範囲を超える方は赤通路を通ってください。

4. ご心配はいりません。余分な分は税金を払えばいいです。

5. 日本の小説二冊と身の回り品だけです。

（三）**会話の練習。**

1. 機内での注意事項を紹介してください。

2. もし飛行機の中に忘れ物をしたら、どうすればいいですか。

答え

第 **2** 課

中国での注意事項

　中国と日本は1時間の時差があります。中国のほうが1時間遅れます。また、中国の道路は日本と反対で、車が右側通行となっています。道を渡る際、車は左側から来ます。そして、水道水を直接お飲みにならないようにご注意ください。中国の電圧は220ボルトで、普通はホテルの部屋に220ボルトと110ボルトの電源コンセントを備^{そな}え付けてありますので、電気製品を使う際は電圧を確認してください。

（登場人物：日本人の田中さん、中国人の李さん、係1、係2）

➤ **荷物**

田中：私のカバンが見つからないんですが、どこへ行けばいいですか。

係1：今係りのものに連絡しますので、少々お待ちください。

田中：荷物が届いていないんですが…

係2：便名^{びんめい}はわかりますか。

田中：はい、日本航空の205便です。

係2：届いていない荷物のタグはありますか。

田中：はい、これです。

係2：どんなカバンですか。

田中：黒いスーツケースです。外側^{そとがわ}は光沢^{こうたく}があり、固くて、タイヤが付いています。すぐ探していただけますか。

係2：預かり証^{あず}^{しょう}はありますか。

田中：はい、これです。

係2：荷物が見つかりましたら、どこにお届けしましょうか。

田中：見つかり次第、寧波南苑ホテルへ届けてください。

> **出迎え**

李：ああ、田中さん。ようこそいらっしゃいました。

田中：ああ、李さん。お忙しいところをわざわざお迎えに来ていただいて、ありがとうございます。

李：どういたしまして。道中お疲れになったでしょう。

田中：いいえ、とても快適な空の旅でしたから、少しも疲れませんでしたよ。

李：田中さんとお会いするのは二年ぶりですね。お元気ですか。

田中：おかげさまで元気です。李さんもお元気そうですね。

李：はい、おかげさまで。今朝は早かったでしょう。

田中：そうですね。朝6時に家を出ました。成田空港から飛び立ったのは9時です。

李：今日は時間どおりに到着したんですね。入国手続きもスムーズにすみましたか。

田中：そうですね。今日は乗客も少なかったし、手続きも速かったです。

李：手続きのほうは確かに前より簡単になりました。ああ、明日は日曜日ですから、市内をご案内しましょうか。

田中：お願いします。ご迷惑おかけして、すみません。

李：いいえ、とんでもありません。喜んでお供いたします。さあ、車が来ましたから、乗りましょう。

田中：はい、どうもありがとうございます。

⭐ 一、単語

時差(じさ):时差

通行(つうこう):通行

水道水(すいどうすい):自来水

電圧(でんあつ):电压

ボルト(volt):伏(电压单位)

電源コンセント(でんげん concentric):电源插座

便名(びんめい):航班名

届く(とどく):到达,送达

タグ(tag):标签

外側(そとがわ):外侧

光沢(こうたく):光泽

タイヤ(tire):轮胎、轮子

預かり証(あずかりしょう):保管证

道中(どうちゅう):路上

快適(かいてき):舒适

飛び立つ(とびたつ):起飞

手続き(てつづき):手续

スムーズ(smooth):顺利

到着(とうちゃく):到达

乗客(じょうきゃく):乘客

喜んで(よろこんで):乐意

供(とも):一起,伴随

★ 二、文型表現

1. 中国のほうが1時間遅れます。

   中国晚一个小时。

2. 中国の道路は日本と反対で、車が右側通行となっています。

   中国的道路和日本相反，车靠右侧通行。

3. 水道水を直接お飲みにならないです。

   自来水不能直接饮用。

4. 中国の電圧は220ボルトで、普通はホテルの部屋に220ボルトと110ボルトの電源コンセントを備え付けてありますので、電気製品を使う際は電圧を確認してください。

   中国的电压是220伏，一般情况下，酒店的房间里都会准备220伏和110伏的电压插座，使用电器时请确认电压。

5. 私のカバンが見つからないんですが、どこへ行けばいいですか。

   我的行李找不到了，去哪里办理呢？

6. 外側は光沢があり、固くて、タイヤが付いています。

   光亮的硬壳，带轮子。

7. 荷物が見つかりましたら、どこにお届けしましょうか。

   行李如果找到的话，要给您寄到哪里呢？

8. 見つかり次第、寧波南苑ホテルへ届けてください。

   找到的话，请马上送到宁波南苑饭店。

9. とても快適な空の旅でしたから、少しも疲れませんでした。

   非常舒适的飞行，一点儿也没觉得累。

10. 今日は時間どおりに到着したんですね。入国手続きもスムーズにすんだでしょう。

    今天是准点到达，入境手续也办得很顺利。

三、練習問題

（一）本文の内容に基づいて質問に答えなさい。

1. 中国と日本は時差がありますか。

2. 日本で車も右側通行となっていますか。

3. 日本の電気製品は直接に中国の電源コンセントを使いますか。

4. 中国で田中さんはどこに泊まりますか。

5. 李さんは田中さんを知っていますか。

（二）次の文を中国語に訳しなさい。

1. 中国と日本は1時間の時差があります。

2. 道を渡る際、車は左側から来ます。

3. 届いていない荷物のタグはありますか。

4. お忙しいところをわざわざお迎えに来ていただいて、ありがとうございます。

5. 手続きのほうは確かに前より簡単になりました。

（三）会話の練習。

1. はじめて来た日本のお客さんに中国と日本の違いを紹介してください。

2. もし空港で荷物が見つからない場合は、どうしたらいいですか。

答え

第 3 課

免税範囲

- 酒類3本（760mL/本）
- 外国製紙巻たばこ200本、20歳未満の方は酒類とたばこの免税範囲はありません。
- 香水2オンス（1オンスは約28mL）
- 海外市場の合計額が20万円の範囲納まる品物（入国者の個人的使用に供するものに限る）
- 6歳未満のお子様は、おもちゃなど子供本人が使用するもの以外は免税になりません。
- 海外市価とは、外国における通常の小売価格（購入価格）です。

（登場人物：中国人の張さん、日本人の鈴木さん）

➤ 見送り

張：鈴木さん、こんにちは。

鈴木：ああ、張さん、こんにちは。お暑いところをわざわざおいでくださいまして、どうも恐れ入ります。

張：いいえ、どういたしまして。ご滞在中はぎっしり詰まったスケジュールで、さぞお疲れになったでしょう。

鈴木：確かに少しは疲れました。ですが、おかげさまで見たいところは全部見て、たいへんいい勉強になりました。感謝しています。

張：とんでもありません。何もお役に立てなくて。

鈴木：いいえ、張さんにはお世話になりっぱなしで、何とお礼を申し上げたらいいかわかりません。

張：できるだけご希望に沿うようにしたかったのですが、実際にはいろいろ不行き届きの点も多かったと思います。今度いらっしゃる時は、もう少し長く滞在してくださいね。

鈴木：そうですね。ぜひそうしたいと思います。でも、これ以上お邪魔すると、お仕事にも影響しちゃうでしょう。

張：いやいや、私はフリーの時間が多いんです。喜んでご案内しますよ。ああ、そろそろ時間ですね。

鈴木：そうですね、あっという間に一週間過ぎてしまいましたね。ほんとうに名残惜しいですね。

張：またお迎えできる日をお待ちしております。

鈴木：張さんもぜひまた日本にお越しくださいね。お待ちしております。ご家族の皆さんにもよろしくお伝えください。

張：はい、ありがとうございます。どうぞお気をつけて。さようなら。

鈴木：どうぞ、お元気で。さようなら。

（登場人物：税関係、旅客、係員）

➤ 出国手続き

税関係：税関申告書を見せてください。

旅客：はい、どうぞ。

税関係：そこでX線の検査を受けてください。

旅客：はい。全部検査を受けますか。

税関係：そうです。…あの、このトランクを開けてください。

旅客:はい。

税関係:これは何ですか。

旅客:これはカメラです。

税関係:レシートを持っていますか。

旅客:持っています。どうぞ。

税関係:はい、これで税関の検査は全部終わりました。

旅客:中国東方航空のカウンターはここですか。

係員:はい、ここです。

旅客:大阪行きの346便に乗りたいのですが。

係員:航空券を見せてください。

旅客:これです。

係員:お荷物をこの上に載せてください。重さを量りますから。

旅客:重 量は超過していますか。

係員:はい、20キロも超えています。オーバー・チャージをお取りいたしますが、そちらのカウンターで払ってください。

旅客:はい、わかりました。

係員:はい、結構です。これは航空券と搭 乗 券です。1番の搭乗口からご搭乗ください。

一、単語

香水(こうすい):香水

オンス(ounce):盎司(计量单位)

納まる(おさまる):收纳

市価(しか):市场价格

通常(つうじょう):通常

小売(こうり):零售

価格(かかく):价格

購入(こうにゅう):买入

ぎっしり:满满地

詰まる(つまる):堵塞

スケジュール(schedule):日程

役に立つ(やくにたつ):有用,有帮助

希望に沿う(きぼうにそう):按希望

不行き届き(ふゆきとどき):不周到,疏忽

影響(えいきょう):影响

フリー(free):自由

名残惜しい(なごりおしい):依依不舍

検査(けんさ):检查

トランク(trunk):旅行箱

レシート(receipt):发票

カウンター(counter):收款处,柜台

航空券(こうくうけん):机票

載せる(のせる):放置,装载

量る(はかる):测量

重量(じゅうりょう):重量

超過(ちょうか):超过

払う(はらう):支付

オーバー・チャージ(over charge):超重,超载

搭乗券(とうじょうけん):登机牌

搭乗口(とうじょうぐち):登机口

 二、文型表現

1. お暑いところをわざわざおいでくださいまして、どうも恐れ入ります。

   大热天您还特意过来,实在过意不去。

2. ご滞在中はぎっしり詰まったスケジュールで、さぞお疲れになったでしょう。

   逗留期间日程都安排得很紧,一定很累了吧?

3. 張さんにはお世話になりっぱなしで、何とお礼を申し上げたらいいかわかりません。

   一切都让你费心照顾,真是不知道怎么感谢你。

4. できるだけご希望にそうようにしたかったのですが、実際にはいろいろ不行き届きの点も多かったと思います。

   我虽想尽量满足你的需要,但实际上还有很多不足之处。

5. あっという間に一週間過ぎてしまいましたね。ほんとうにお名残惜しいですね。

   转瞬间一个星期过去了,真是不愿意和你分别啊。

6. またお迎えできる日をお待ちしております。

   期待着有朝一日能再次迎接你。

7. 張さんもぜひまた日本にお越しくださいね。お待ちしております。

   我也盼望张先生能再次访问日本。

8. どうもお手数をかけました。

   给您添麻烦了。

9. お荷物をこの上に載せてください。重さを量りますから。

   请把行李搬到上面,要称重量。

10. オーバー・チャージをお取りいたしますが、そちらのカウンターで払ってください。

    要收取超重费,请在那边的收款处付款。

三、練習問題

（一）本文の内容に基づいて質問に答えなさい。

1. 6歳未満のお子様は免税範囲の品物がありますか。

2. 鈴木さんは今度の旅行について、どう思っていますか。

3. 税関のとき、持っている品物は全部検査することが必要ですか。

4. 荷物は何キロを超えたら、税金を払わなければならないですか。

5. 搭乗するとき、何が必要ですか。

（二）次の文を中国語に訳しなさい。

1. 20歳未満の方は酒類とたばこの免税範囲はありません。

2. 海外市場の合計額が20万円の範囲納まる品物（入国者の個人的使用に供するものに限る）。

3. 6歳未満のお子様は、おもちゃなど子供本人が使用するもの以外は免税になりません。

4. 海外市価とは、外国における通常の小売価格（購入価格）です。

5. その点は悪しからず、ご了承願います。しかし、今度いらっしゃる時は、もう少し長く滞在してくださいね。

（三）会話の練習。

1. 出国手続きのプロセスを紹介してください。

2. 空港へ日本人の友達を迎えに行きますが、友達と会話文を作ってください。

答え

第二单元　交通篇

第 **1** 課

飛行機

　寧波櫟社国際空港は、寧波市の西部（せいぶ）に位置する国際空港です。中心部から約12キロ離れた場所にあります。

　寧波櫟社国際空港には、T1とT2の2つのターミナルがあります。現在、多くの国内線と日本、韓国、タイ、ベトナム、シンガポールなどの国際線が離発着しています。そして、観光文化の交流が深まるにつれて、寧波から東京、大阪、福岡への直行便も開通されました。

　寧波市内へのアクセスは、非常に便利で、軌道交通2号線の鉄道が乗り入れているほか、市内と近くの郊外へ専用バスが通じ（つう）、タクシーも簡単に乗れます。

（登場人物：留学生の山本さん、日本語科二年生の王さん、係員）

➤ 航空券の予約

山本：王さん、飛行機のチケットは飛旅 App で予約するのが一番安いですか。

王：インターネットで予約したら、大体同じです。でも、予約が早ければ早いほど安いです。

山本：そうですね、元旦の休みに武漢へ友達に会いに行きたいです。

王：あと一ヶ月ですね。往復で予約したらもっと安いでしょう。

山本：そうですね。今から往復で予約します。

➤ 搭乗手続き

山本：ニンハオ。

係員：すみませんが、日本の方ですか。それとも…

山本：はい、日本人です。

係員：パスポートをお見せください。

山本：はい、どうぞ。

係員：どちらへいらっしゃいますか。

山本：武漢です。

係員：お席はもう予約してあります。搭乗券はございますか。

山本：いいえ、まだです。お願いします。

係員：はい、少々お待ちください。…こちらは搭乗券で、上に貼ってあるのはお荷物の預かり証です。ご到着後、お荷物をお受け取りになる際に必要ですので、大事に保管してください。搭乗ゲートは14番です。

山本：14番ですね。ありがとうございます。

➢ **セキュリティーチェック**

係員：こんにちは。

山本：こんにちは。

係員：鍵などの金属製品、携帯電話などをかごにお入れください。

山本：はい、分かりました。

係員：すみませんが、カバンの中に液体(えきたい)が入っているようですが、ちょっと開けていただけませんか。

山本：えー、液体。思い出しました。漢方薬(かんぽうやく)です。急いでいたので、飲むのを忘れてしまいました。今飲んでもいいですか。

係員：あっ、そうですか。そちらでどうぞ。

山本：はい。わかりました。

⭐ 一、単語

国際(こくさい)：国际

空港(くうこう)：机场

西部(せいぶ)：西部

中心部(ちゅうしんぶ)：中心位置

約(やく)：大约

キロ(kilometer)：千米

離れる(はなれる)：距離，相隔

タイ(Thailand)：泰国

ベトナム(Vietnam)：越南

シンカポール(Singapore)：新加坡

ターミナル(terminal)：航站楼

完成(かんせい)：完成

直行便(ちょっこうびん):直飞航班

アクセス（access）:通道

通じる(つうじる):通,运行(交通上)

往復(おうふく):往返

搭乗券(とうじょうけん):登机牌

貼る(はる):贴

預かる(あずかる):收存,(代人)保管

保管(ほかん):保管

ゲート（gate）:大门

鍵(かぎ):钥匙

金属(きんぞく):金属

製品(せいひん):制品

かご:篮子

セキュリティーチェック(security check):安全检查

液体(えきたい):液体

思い出す(おもいだす):想起来

漢方薬(かんぽうやく):中药

 二、文型表現

1. 早ければ早いほど安いです。

   越早越便宜。

2. 元旦の休みに武漢へ友達に会いに行きたいです。

   元旦想去武汉见朋友。

3. パスポートをお見せください。

   请让我看下您的护照。

4. どちらへいらっしゃいますか。

   您去哪里？

5. お席はもう予約してありますが、搭乗券はプリントしましたか。

   您的座位已经预定好了，登机牌打印了吗？

6. カバンの中に液体が入っているようですが、ちょっと開けていただけませんか。

   包里面好像有液体，能打开给我看一下吗？

7. 急いでいたので、飲むのを忘れてしまいました。

   着急，忘记喝了。

8. そちらで温かいうちに召し上がってください。

   请到那边趁热喝了。

9. ご協力ありがとうございます。

   谢谢您的合作。

10. こちらこそ悪いです。

    是我不好。

 ## 三、練習問題

(一)本文の内容に基づいて質問に答えなさい。

1. 寧波櫟社国際空港は、寧波市のどこに位置しますか。

2. 寧波から日本への直行便がありますか。それぞれ何ですか。

3. 空港で荷物を受け取るとき、何が必要ですか。

4. 空港から寧波市内まで専用バスがありますか。

5. 搭乗券に貼ってあるのは何ですか。

(二)次の文を中国語に訳しなさい。

1. 寧波櫟社国際空港は、寧波市の西部に位置する国際空港である。中心部から約

12キロ離れた場所にあります。

2. 寧波櫟社国際空港は、日本、韓国などの国際線と国内の幹線路線が離発着します。

3. 寧波市内へのアクセスは、非常に便利で、軌道交通2号線の鉄道が乗り入れています。

4. 往復で予約したらもっと安いでしょう。

5. 鍵のような金属製品、携帯電話などをかごにお入れください。

（三）会話の練習。

1. 寧波櫟社国際空港は年々発展しています。最新の発展ぶりを紹介してくたさい。

2. よく利用する乗り物は何ですか。どうしてですか。

答え

第 **2** 課

鉄　道

　寧波駅は長距離列車の玄関口で、杭甬铁道、杭甬高速铁道、甬台温铁道の3路線が通り、全国の各駅の列車が乗り入れています。寧波は海へ突き出た位置にあるため、杭甬高速铁道を起点に、甬温铁道を終点にしています。

　高速鉄道の開通により、輸送の主力は高速列車に移行しましたが、依然として電気機関車の牽引する従来型の客車列車も健在で、全国各地への直通列車が運行しています。東北や内陸部などへ1日を超えて運行される列車も少なくありません。香港への列車もあります。特に、上海と杭州へ行く城際鉄道の列車は毎日20便近く運行しています。

　寧波駅は市の中心部に位置し、駅舎が水滴の形をした大型駅です。寧波駅の南北それぞれに南広場と北広場があり、市内と郊外へバスが運行されていて、寧波長距離バスターミナルなどとともに総合交通ターミナルを形成しています。駅内の地下には地下鉄2号線もあり、寧波長距離バスターミナルと櫟社国際空港を結んでいます。

　（登場人物：留学生の山本さん、日本語科二年生の王さん）

　山本：王さん、今、少しいいですか。

　王：いいですよ。どうしましたか。

　山本：明日の土曜日、杭州の西湖へ行ってみたいのですが、高速バスと高速列車とどちらがいいと思いますか。

　王：杭州へ行くなら、高速列車のほうがいいです。

　山本：そうですか。寧波駅から乗りますか。

　王：はい、寧波駅です。高速列車も電気機関車の牽引する従来型の旅客列車もそこから発車します。

　山本：どのように行ったらいいですか。

　王：バスまたは地下鉄で行けます。タクシーでも行けますよ。

　山本：バスで行くなら、何番のバスですか。

　王：学校の前のバス停から26番のバスに乗って「寧波駅南広場」というバス停で降りてすぐです。地下鉄に乗るなら、図書館の近くの1番線に乗って、鼓楼駅で2番線に乗り換えて、寧波駅で降ります。

　山本：タクシーでいくらぐらいかかりますか。

　王：25元ぐらいだと思います。

　山本：分かりました。ありがとうございます。

➤ チケットの予約

山本：王さん、ちょっとお願いしたいことがあります、今、いいですか。

王：はい、どうぞ。

山本：チケットの予約の仕方を教えてもらえませんか。

王：インターネットで予約すればいいですよ。

山本：旅行社ウェブサイトですか。

王：それでもできるかもしれませんが、普通は専門の12306（中国鉄路カスタマーセンター）サイトやAppで予約します。

山本：今、よかったら、教えてくれませんか。

王：いいですよ。ちょうど、パソコンがありますし。まず、12306サイトに入って、それから出発地と目的地を入力して、日にちを選びます。

山本：出発地は「寧波」で、目的地は「上海」で、日にちは9月29日、入力しましたよ。

王：そしたら、「検索ボタン」をクリックしてください。

山本：検索しますね。二十便ぐらい出てきましたね。

王：山本さんが乗りたい時間の列車（れっしゃ）を選んで、「予約ボタン」をクリックすればいいですよ。

山本：ああ、見て、どうしましょうか。

王：登録画面ですね。名前とパスポートナンバー、電話番号と支払い方法を入力すればいいですよ。登録が終われば、何分か後に、メッセージが携帯（けいたい）に送られてきます。車両と座席を知らせてくれます。

山本：助かりました。ほんとうにありがとうございます。

★ 一、単語

玄関（げんかん）：大门

鉄道（てつどう）：铁道，铁路

乗り入れる（のりいれる）：延伸

各駅（かくえき）：各站

突き出る（つきでる）：突出，伸出

位置する（いちする）：位于……

起点（きてん）：起点

輸送（ゆそう）：运送，运输

主力（しゅりょく）：主力

列車（れっしゃ）：列车

移行する（いこうする）：转移，移交

依然（いぜん）：仍然，依然

機関車（きかんしゃ）：机车，火车头

牽引する（けんいん）：牵引

従来（じゅうらい）：从来，以前

健在（けんざい）：存在，健在

直通（ちょくつう）：直接到达

超える（こえる）：超过

運行（うんこう）：运行

駅舎（えきしゃ）：火车站内的建筑物

水滴（すいてき）：水滴

大型（おおがた）：大型

総合（そうごう）：综合

形成（けいせい）：形成

バスターミナル（bus terminal）：客运中心

結ぶ（むすぶ）：连结

インターネット（Internet）：互联网

ウェブサイト（website）：网页

出発地（しゅっぱつち）：出发地

目的地（もくてきち）：目的地

入力する（にゅうりょくする）：输入（电脑）

検索（けんさく）：检索，查看

クリック（click）：点击，按按钮

登録（とうろく）：登录

画面（がめん）：画面

パスポートナンバー（passport number）：护照号码

支払い（しはらい）：支付

メッセージ（message）：消息，音信；口信

 二、文型表現

1. 寧波は海へ突き出た位置にあるため、杭甬高速鉄道を起点に、甬温鉄道を終点に
   しています。

   因为宁波在海边，所以成为杭甬高铁的起点和甬温铁路的终点。

2. 寧波客運南站（長距離バスターミナル）などとともに総合交通ターミナルを形成
   しています。

   和宁波客运南站（长途客运中心）一起形成了综合交通运输枢纽。

3. ご都合はいいですか。

   您现在方便吗？

4. 何か手伝ってほしいですか。

   有什么需要帮忙的吗？

5. 高速バスと高速列車とどちらがいいですか。

   高速公路和高铁哪个好呢？

6. 杭州へ行くなら、高速列車のほうがいいです。

   如果去杭州最好坐高铁。

7. バスまたは地下鉄で行けます。

   坐公共汽车或者地铁都能到。

8. タクシーでいくらぐらいかかりますか。

   打车大约需要多少钱?

9. 高鉄チケットの予約の仕方を教えてもらえませんか。

   能请你教我怎么订购高铁票吗?

10. どうしましょうか。

    怎么办好啊?

 ## 三、練習問題

(一)本文の内容に基づいて質問に答えなさい。

1. 寧波駅では高速列車だけ発車しますか。

2. 寧波駅は主にいくつの路線が通りますか。

3. 寧波駅は香港へ行く列車がありますか。

4. 上海と杭州へ行く城際鉄路の列車は毎日何便運行していますか。

5. 寧波駅の駅舎はどんな形をしていますか。

(二)次の文を中国語に訳しなさい。

1. 寧波駅は寧波を離発着する長距離列車の玄関口で、杭甬鉄道、杭甬高速鉄道、甬台温鉄道の3路線が乗り入れ、全国の各駅の列車が乗り入れています。

2. 全国各地への直通列車が運行されていて、東北や内陸部へなど1日を超えて運行される列車も少なくないです。

3. 寧波駅の南北側に南広場と北広場が設置され、市内と郊外へのバスが運行されて

います。

4. 駅内の地下には軌道交通（地下鉄）2号線が乗り入れていて、寧波長距離バスターミナルと櫟社国際空港を結んでいます。

5. 高速鉄道の開通により、輸送の主力は高速列車に移行しました。

（三）会話の練習。

1. インターネットでどのようにチケットを予約しますか。

2. あなたの故郷の駅を紹介してください。

答え

第 **3** 課

地下鉄

　寧波は地下鉄の歴史が浅く、一番最初に１号線が開通したのは2014年５月でした。その後、２号線から５号線へて次々開通し、現在は5つ路線が運営しています。１号線と２号線の乗り換え駅は鼓楼駅（こ ろう）で接（せっ）していて相互（そうご）に乗り換えることができます。地下鉄路線は寧波市内の東西南北（とうざいなんぼく）を十字状（じゅうじじょう）に通（とお）り、さらに放射状（ほうしゃじょう）に郊外へも急速に伸（の）びていっています。

　市内郊外の至（いた）る所で延長・新設（しんせつ）工事が行（おこな）われ、2023年１月までに総長（そうちょう）185kmに達し、2025年までに５号線の二期、６号線と７号線が開通し、総長172kmに達する計画となっています。１号線は寧波で最初に開通した地下鉄路線で、市街地東西（し がいち とうざい）を結ぶ大動脈（だいどうみゃく）となっています。１号線の駅の近くに市役所や大型商業施設がある天一広場、中国初の日本阪急百貨店、アジアで一番古い図書館の天一閣などがあります。

　地下鉄2号線（一期）は2015年9月に樄社国際空港駅−清水浦駅の区間で開通しまし
た。この路線は寧波（鉄道）駅と寧波長距離バスターミナルを通るので、寧波の重要な
交通拠点をつなぐことになりました。どちらもラッシュ時間はほぼ5分間隔で運行さ
れています。

（登場人物：留学生の山本さん、日本語科二年生の王さん）

王：明日は土曜日ですが、市内のどこかへ行きませんか。

山本：そうですね。いいショッピングセンターを紹介してくれませんか。

王：ショッピングセンターといったら、寧波市中心にある天一広場は市内最大規模
の商業施設です。いろいろな店もあるし、交通も便利だし…

山本：そうですか。ぜひ行ってみたいです。

➤ 天一広場へ行く日

山本：王さん、すみませんが…

王：はい、何ですか。

山本:昨日、紹介してくれた天一広場へ行きたいんですが、どのように行ったらいいですか。

王:バスまたは地下鉄で行けます。タクシーでも行けますよ。

山本:地下鉄で行くなら、どこで降りますか。

王:地下鉄に乗るなら、図書館の近くの2番線に乗って、鼓楼駅で1番線に乗り換えて、東門口駅で降りて、すぐです。

山本:いくらぐらいかかりますか。

王:高くとも3元ぐらいだと思います。

山本:30分で着けますか。

王:20分で十分だと思いますよ。

山本:終電は何時ですか。

王:夜10時です。でも、寮の門限(もんげん)も夜10時ですよ。

山本:はい、分かりました。夜10時までに帰りましょう。ありがとうございます。

➤ **乗車券について**

山本:王さん、ちょっとお願いしたいことがあります、今、いいですか。

王:はい、どうぞ。

山本:寧波で日本のような地下鉄の定期券とかはありますか。

王:はい、あります。でも、山本さんは学校の寮に住んでいるので、地下鉄に乗るのは毎日でないですよね。定期券を買う必要はありませんよ。学生カードを利用するほうがもっと得だと思います。

山本:学生カード?

王:ええ、学生向きの乗車(じょうしゃ)カードで、5割引で乗車できます。

山本:そうですか。学生カードはどのように申し込んだらいいですか。

王:学生証または通学証明書が必要です。それを持って、駅内の市民カード事務所

へ行くと作ってもらえます。

山本：手続き料金などが要りますか。

王：学生カードを作るのは無料ですが、初めは50元か100元チャージしたほうがいい
ですよ。

山本：王さんはそのカードを持っていますか。

王：ええ、小学生のときから、持っています。ほら、見て。

山本：ああ、証明写真が必要なんですね。

王：証明写真はありますか。

山本：ありますが、サイズが違います。晩御飯のあと、写真屋さんに行って撮っても
らいます。

王：学校のそばの写真工房^{こうぼう}は安くて、評判もいいです。

山本：はい、わかりました。今日はいろいろお世話になりました、本当にありがとう
ございます。

⭐ 一、単語

浅い（あさい）：时间短；浅的

開通（かいつう）：开通

東西南北（とうざいなんぼく）：东西南北

十字（じゅうじ）：十字

路線（ろせん）：路线

放射状（ほうしゃじょう）：放射状

郊外（こうがい）：郊外

急速（きゅうそく）：急速

至る（いたる）：至，到

延長（えんちょう）：延长

王：学校のそばの写真工房（こうぼう）は安くて、評判もいいです。

新設(しんせつ):新设立

工事(こうじ):施工,工程

行う(おこなう):进行;举办

総長(そうちょう):总长

達する(たっする):达到

計画(けいかく):计划

市街地(しがいち):市区

結ぶ(むすぶ):连结

大動脈(だいどうみゃく):主动脉,主干线

商業(しょうぎょう):商业

施設(しせつ):设施

経る(へる):经过

市役所(しやくしょ):市政府

ラッシュ(rush):交通高峰

間隔(かんかく):间隔,距离

区間(くかん):区间

距離(きょり):距离

つなぐ:连接

拠点(きょてん):据点,基地

赤色(あかいろ):红色

ショッピングセンター(shopping center):购物中心

最大(さいだい):最大

規模(きぼ):规模

終電(しゅうでん):末班电车

門限(もんげん):门限,关门时间

定期券(ていきけん)：月票；季票

乗車(じょうしゃ)：乘车

割引(わりびき)：打折，折扣

申し込む(もうしこむ)：申请，要求

通学(つうがく)：走读；上学

手続き(てづつき)：手续

料金(りょうきん)：费用

チャージ(charge)：充值

工房(こうぼう)：工作室

評判(ひょうばん)：评价

 二、文型表現

1. 寧波は地下鉄の歴史が浅く、一番最初に1号線が開通したのは2014年5月でした。

    宁波地铁历史比较短，最早的1号线是2014年5月开通的。

2. 地下鉄路線は郊外へも急速に伸びていっています。

    地铁线路也快速地向郊区延伸。

3. 市街地東西を結ぶ大動脈となっています。

    是连接市区东西的主干线。

4. 高くとも3元ぐらいだと思います。

    我觉得最贵也就3元左右。

5. ショッピングセンターといったら、寧波市中心にある天一広場は市内最大規模の
    露天商業施設です。

    提起购物中心，天一广场是市内最大的露天商业中心。

5. バスまたは地下鉄で行けます。タクシーでも行けますよ。

    坐公共汽车或地铁能去，打车也能去。

6. 寧波で日本のような地下鉄の通学定期券がありますか。

　　宁波有像日本那样的地铁月票吗?

7. 定期券を買う必要はありません。

　　没必要买月票。

8. 手続き料金などが要りますか。

　　需要手续费之类的吗?

9. 初めは50元か100元入れたほうがいいですよ。

　　第一次最好存入50元或100元。

10. 今日はいろいろお世話になりまして、本当にありがとうございます。

　　今天帮我这么多,实在太感谢了。

 三、練習問題

（一）本文の内容に基づいて質問に答えなさい。

1. 1号線と2路線は駅がいくつかありますか。

2. 1号線と2号線はどの駅で乗り換えることができますか。

3. ラッシュ時間はほぼ何分間隔で運転されています。

4. 7号線が何年までに開通する計画ですか。

5. 寧波軌道交通2号線はどこからどこまでですか。

（二）次の文を中国語に訳しなさい。

1. 地下鉄線路が寧波市内を東西南北の十字状に貫く路線などが敷かれ、さらに放射状に郊外への路線も急速に伸びていっています。

2. 1号線の駅の近くに市役所や大型商業施設がある天一広場、中国初の日本阪急百貨店、アジアで一番古い図書館の天一閣などがあります。

3. 寧波（鉄道）駅と寧波長距離バスターミナルを抜け、寧波の重要な交通拠点をつな

ぐことになりました。

4. 学生カードを利用するほうがもっと得だと思いますよ。

5. 学校のそばの写真工房は安くて、評判もいいです。

(三)会話の練習。

1. 地下鉄で「南塘老街」への行き方を紹介してください。

2. 地下鉄の乗車券の買い方がわからない人を見たら、どうやって助けてあげますか。

3. 今寧波では、何本の地下鉄ができましたか。それぞれどこからどこまでですか。

4. あなたの住んでいる町の交通について話してください。

答え

第 4 課

バ ス

　寧波市バスはすべて系統番号で表示しています。中心部を走る均一運賃系統と郊外を走る多区間運賃系統があります。地下鉄が開通して、公共路線バスの占める割合はやや低下しつつありますが、それでも依然として市内交通の中心であり、最近全てエア付きの車両となりました。市バス均一区間運賃は2元です。ただし、多区間では距離に応じて運賃が変わります。なお、身長120cm未満の子供は保護者同伴の場合、料金が無料になります。

　寧波のほとんどの公共路線バスでは始発と最終バスの時刻は記載があるものの、昼間の運行については明確な時刻表はなく、およその運転間隔が案内されるだけです。4〜8分間隔とされているものの、いつ来るかは待ってみないとわからないのが現状と

なっています。

　ただ近年ではバスにGPS端末を搭載されし、到着する時刻をデジタルで表示するバス停や、スマートフォンのアプリも登場していて、以前より待ち時間に悩まされることも少なくなっています。

　さらに比較的運行が少ない路線を中心に「定班」という運行時刻を固定したバスも増えてきていて、以前よりずいぶんと利用しやすくなりました。中山路のような主要幹線道路を走る路線の場合は、朝（7時〜9時）と夕方（16時〜18時）の2時間ずつバス専用レーンが設置されるため、渋滞を脇目にすいすいと進み、タクシーよりも早く到着するケースが増えています。

（登場人物：留学生の山本さん、日本語科二年生の王さん）

山本：王さんの趣味は何ですか。

王：私の趣味は写真を撮ることです。

山本：登山も好きですか。

王：山登りですか。嫌いではありませんが、それほど好きでもありません。山本

さんは登山が好きですか。

　　山本：はい、私は登山が大好きです。機会があったら、中国の名山に登ってみたい
です。

　　王：いい趣味ですね。中国には雄大な山やきれいな山などの名山がいろいろあり
ます。

　　山本：そうですね。機会があったら、ぜひ登ってみたいです。

➤ **天童寺へ行く前日**

　　山本：王さん、緑が多くて、そんなに高くない山は市内の近くにありますか。

　　王：天童寺が一番良いと思います。緑が多いし、高くないし…

　　山本：お寺ですか。

　　王：天童寺国家森林公園です。山もあるし、森も多いし、そして、天童寺は日本人に
大人気だそうです。

　　山本：そうですか。ぜひ、行ってみたいです。

　　王：明日は週末で、天気もいいし…

　　山本：そうですね。明日にしましょう。バスで行くとしたら、何番のバスに乗った
らいいですか。

　　王：学校の前のバス停で750番のバスに乗って（汽車東駅行きの）終点（汽車東駅）で
降ります。そこで162番のバス（天童寺駅行き）に乗り換えて、天童寺駅で降りて、歩い
て20分ぐらいです。

　　山本：750番それから162番ですね。せめて2時間はかかりますね。あした、早く起
きないと。

　　王：はい、地下鉄だったら、1時間半ぐらいです。

　　山本：休みなので、のんびりバスに乗って、景色を眺めながら行こうと思います。あ
の、王さん。

王：はい、何ですか。

山本：162番のチケットも2元ですか。

王：違います。市バス均一区間運賃は2元ですが。多区間では距離に応じて運賃が変わります。162番は多区間運行のバスで、チケットは3元です。でも、1時間以内の乗り換えは無料ですが、162番は3元ですから、1元追加するわけです。

山本：あ、そうですか。3元でいいんですね。

王：750番のバスに乗って、162番のバスに乗り換えるのは1時間以内だったら、3元です。

山本：はい、わかりました。明日楽しみです。

王：楽しい週末を過ごしてください。

山本：王さんも。

一、単語

系統（けいとう）：系统

表示（ひょうじ）：表示，表明

均一（きんいつ）：同一

郊外（こうがい）：郊外

運賃（うんちん）：运费，公交车票价

保護者（ほごしゃ）：监护人，保护人

同伴（どうはん）：同伴

公共（こうきょう）：公共

占める（しめる）：占，占有

割合（わりあい）：比例

低下（ていか）：降低

車両（しゃりょう）：车辆

始発(しはつ):始发

最終(さいしゅう):最终,最后

時刻(じこく):时刻

記載(きさい):记载;刊登

昼間(ひるま):白天

明確(めいかく):明确

現状(げんじょう):现状

端末(たんまつ):末端装置

搭載(とうさい):装载

到着(とうちゃく):到达

スマートフォン(smart phone):智能手机

アプリ(application):执行程序,应用程序

登場(とうじょう):登场,出场

悩ます(なやます):使……烦恼

比較的(ひかくてき):比较地

運行(うんこう):运行

固定(こてい):固定

レーン(lane):车道

設置(せっち):设置,装置

渋滞(じゅうたい):交通阻塞

脇目(わきめ):旁边

すいすい:轻快地,流利地

ケース(case):情况

登山(とざん):登山

チャンス(chance):机会

雄大(ゆうだい):雄伟,巍峨

名山(めいざん):名山

景色(けしき):景色

眺める(ながめる):眺望

 二、文型表現

1. 多区間では距離に応じて運賃が変わります。

跨区运行的公交车,根据距离不同票价有变化。

2. 4〜8分間隔とされているものの、いつ来るかは待ってみないとわからないのが

現状となっています

虽然写着间隔4〜8分钟,但是现状是必须提前等待,否则无法判断车几点来。

3. 以前よりずいぶんと利用しやすくなりました。

用起来比以前方便多了。

4. 私の趣味は写真を撮ることです。

我的爱好是拍照。

5. 嫌いではありませんが、それほど好きでもありません。

不讨厌,但也不那么喜欢。

6. 中国には雄大な山やきれいな山などの名山がいろいろあります。

中国有各种名山,有的雄伟,有的秀丽。

7. 山もあるし、森も多いし、そして、天童寺は日本人に大人気だそうです。

有山有森林,据说还非常受日本人欢迎。

8. 明日にしましょう。

就定在明天吧。

9. せめて2時間はかかりますね。

至少需要两个小时吧。

10. 楽しいお週末を過ごしてください。

　　祝周末快乐。

 三、練習問題

（一）本文の内容に基づいて質問に答えなさい。

1. 寧波市バスは料金が全て同じですか。

2. 寧波市バスは全てエア付きの車両となりましたか。

3. 寧波で子供の身長はどのぐらいになったら、運賃を払うことになっていますか。

4. 山本さんの趣味は何ですか。

5. 王さんは登山が好きですか。

（二）次の文を中国語に訳しなさい。

1. 中心部を走る均一運賃系統と郊外を走る多区間運賃系統があります。

2. 軌道交通が開通して、公共路線バスの占める割合はやや低下しつつあるが、それでも市内交通の主役を占めて全て空調付の車両となりました。

3. ただ近年ではバスにGPS端末を搭載し、到着する時刻をデジタル表示するバス停や、スマートフォンのアプリも登場していて、以前より待ち時間に悩まされることも少なくなっています。

4. さらに比較的運行間隔が少ない路線を中心に「定班」という運行時刻を固定したバスも増えてきていて、以前よりずいぶんと利用しやすくなりました。

5. 朝（7時〜9時）と夕方（16時〜18時）の2時間ずつバス専用レーンが設置されるため、渋滞を脇目にすいすいと進み、タクシーよりも早く到着するケースが増えています。

（三）**会話の練習。**

1. バスと地下鉄の利点と欠点をそれぞれ紹介してください。

2. レンタル自転車やオートバイについどう思いますか。よく利用しますか。

答え

第三单元　宿泊篇

第 *1* 課

寧波南苑ホテル

　寧波南苑ホテルは寧波南苑グループに属する会社として設立されたホテルです。2000年3月に、中国旅行局に認可され、浙江省で初めての五つ星ホテルとなりました。同年、浙江省で最初の国際「ゴールドキー」サービスと認められ、2007年4月には、浙江省で最初の「国際五つダイヤ賞」を受賞したホテルです。2008年12月には、中国ホテル業界で最も影響力があるホテルとして選ばれました。

　南苑ホテルは寧波市の中心部に属し、ショッピングや観光へのアクセスも便利です。ホテルの総面積は3万平方メートルあり、客室、レストラン、会議室、展覧室、フィットネスセンターのあるビジネスなどに適応した多目的高級国際ビジネスホテルです。

　ホテルはいずれも厳そかな雰囲気でスケールが大きく、豪華で快適な客室は428室も揃えられてあります。室内は優雅な装飾が施され、設備が整っています。さまざまな趣向を凝らし、洋風料理、広東料理、寧波郷土料理、鉄板焼き、バイキング式などの様

々な食事を楽しむことができます。2200平方メートルの国際会議ホールのほかに、小会議室、中会議室には、同時通訳や視聴覚設備などさまざまな機能が備えられています。レクリエーションセンターには水治療法、足マッサージ、美容室、プール、バーなど娯楽やレジャー施設があります。ホテルは日々新たな物を取り入れ、特色ある新しいことを生み出し、お客様に「喜び＋驚き」を提供しております。

（登場人物：観光客の高橋さん、ガイドの李さん、フロントの王さん）

李：高橋さん、今回お泊りになるのは寧波南苑ホテルです。

高橋：はい、よろしくお願いします。

李：寧波南苑ホテルは市内の中心部に位置し、交通にも観光にも買い物にも結構便利です。そして、寧波の初めての五つ星ホテルとしてよく知られています。

高橋：そうですか。楽しみですね。

李：そうですね。そろそろ着きますよ。

➤ **チェックイン**

王：寧波南苑ホテルへようこそ。

李：チェックインをお願いします。

王：ご予約のお客様でしょうか。

李：はい、こちらは日本からの高橋さんです。

高橋：はい、パスポートです。

王：わかりました。パスポートをお預かりいたします。高橋様ですね。少々お待ちください。早速ご予約を確認いたします。

➤ **確認中**

王:確かに承りました。一人部屋が一つですね。ここに、お名前とパスポート番号などのご記入をお願いいたします。

李:すみません、確か朝食サービスが付いていますよ。

王:はい、ございます。お客さまはお部屋のキーで毎朝7時から10時半まで1階の汀兰居でご利用できます。

高橋:それは便利でいいですね。

王:朝食以外にも、こちらのホテルでは、洋風料理、広東料理、寧波郷土料理、鉄板焼き、バイキング式などの様々なお食事を楽しむことができます。

高橋:いいね。楽しみにしていますね。

王:お待たせしました。高橋様のお部屋は1206号室です。ロビー右手のエレベーターで12階までいらしてください。これはお部屋のキーです。チェックアウトは午前11時になります。

高橋:はい、わかりました。

王:ごゆっくり、どうぞ。

李:すみません、荷物が車のトランクにあるので、それもお願いします。

王:はい、かしこまりました。(しばらくして)お荷物は三つでございますか。

高橋:はい、そうです。

王:貴重品や壊れやすい物はございませんか。

高橋:ないです。

王:かしこまりました。お荷物は早速スタッフがお部屋までお届けいたします。他に何か御用がございましたら、お部屋の電話でフロントまでお電話ください。どうぞごゆっくりお過ごしくださませ。

高橋:どうも。

★ 一、単語

グループ(group):集团;小组

属する(ぞくする):属于

設立する(せつりつする):设立

認可する(にんかする):认可

ゴールドキー(gold key):金钥匙

認める(みとめる):认可,承认

ダイヤ賞(diamond しょう):钻石奖

受賞する(じゅしょうする):获奖

業界(ぎょうかい):业界

アクセス(access):通道;访问

客室(きゃくしつ):客房

フィットネス(fitness):健身运动

いずれ:哪个

厳そか(おごそか):庄严的,严肃的

スケール(scale):规模

揃える(そろえる):使一致

施す(ほどこす):施加,施行

整う(ととのう):整齐,齐备,完备

趣向(しゅこう):趣向

凝らす(こらす):凝练

郷土(きょうど):乡土,故土

バイキング(viking):自助餐

機能(きのう):功能

視聴覚(しちょうかく):视觉与听觉

備える(そなえる):设置,备置,具备

レクリエーション(recreation):娱乐

マッサージ(massage):按摩

レジャー(leisure):娱乐,休闲

新た(あらた):新的

生み出す(うみだす):创作出,产生出;体现

早速(さっそく):立刻,马上

朝食(ちょうしょく):早餐

トランク(trunk):(轿车的)后备箱,行李箱;旅行箱,皮箱

貴重品(きちょうひん):贵重物品

フロント(front):饭店服务台;正面

チェックイン(check in):入住

チェックアウト(check out):退房

★ 二、文型表現

1. 寧波南苑ホテルは寧波南苑グループに属する会社として設立されたホテルです。

   宁波南苑饭店是一家隶属于宁波南苑集团的酒店。

2. 中国ホテル業界で最も影響力があるホテルとして選ばれました。

   在中国酒店界被评为最有影响力酒店。

3. 南苑ホテルは寧波市の中心部に属し、ショッピングや観光へのアクセスも便利です。

   南苑饭店地处于宁波市中心,无论是购物还是观光,交通都很便利。

4. ホテル内はいずれも厳そかな雰囲気でスケールが大きく、豪華で快適な客室は428室も揃えられてあります。

酒店内设有各类风格、豪华舒适的客房共428间。

5. ご予約のお客様でしょうか。

您是有预约的客人吗？

6. ここに、お名前とパスポート番号などのご記入をお願いいたします。

请在此处填写好您的姓名、护照号码等信息。

7. お客様はお部屋のキーで毎朝7時から10時半まで1階の汀兰居でご利用できます。

客人可凭您的房间钥匙每天早上7点至10点半在一楼的汀兰居享用（早餐）。

8. お客様は朝食の外には、洋風料理、広東料理、寧波郷土料理、鉄板焼き、バイキング式などの様々なお食事を楽しむことができます。

客人除了早餐外还可（在本酒店）享用到西餐、广东菜、宁波本帮菜、铁板烧和自助餐等各类菜式。

9. 貴重品や壊れやすい物はございませんか。

有贵重和易损坏物品吗？

10. お荷物は早速スタッフがお部屋までお届けいたします。

您的行李马上将有工作人员送往您的房间。

 三、練習問題

（一）本文の内容に基づいて質問に答えなさい。

1. 寧波南苑ホテルはどんなホテルですか。

2. 寧波南苑ホテルでは客室のほかにどんな設備が揃えてありますか。

3. ホテルのチェックアウトは何時になりますか。

4. お客さんはどうやって1階の汀兰居で朝食を利用できますか。

5. 佐藤さんの荷物はこれからどうされますか。

（二）次の文を中国語に訳しなさい。

1. 2000年3月に、中国旅行局に認可された浙江省で初めての五つ星ホテルです。

2. ホテルの総面積は3万平方メートルであり、客室、レストラン、会議室、展覧室、フィットネスセンター、ビジネスなどに適応した多目的高級国際ビジネスホテルです。

3. ホテルは日々新たな物を取り入れ、特色ある新しいことを生み出し、お客様に「驚き＋喜び」を提供しております。

4. ロビー右手のエレベーターで12階までいらしてください。

5. すみません、荷物は車のトランクにありますが。それもお願いします。

（三）会話の練習。

1. 今まで泊まったことがあるホテルを紹介してください。

2. ホテルを選ぶ時、どんな点を大事にしますか。

答え

第  課

ホテル内各サービスのご案内

ホテルではお客様にさまざまなサービスをご提供いたします。

無料空港バス:無料で空港への行き帰りのバスをご提供いたします。フロントでバスの時刻の問い合わせと座席の予約もできます。

荷物の運搬とタクシーの予約:24時間サービスをご提供いたします。

貴重品の預かり:各客室のクローゼットに個人用の小型金庫が備えてありますので利用できます。また、ホテルのロビーでも貴重品を預かることができます。

航空チケットとその他のチケットサービス:飛行機やバス、船などのチケットにつ

いてのサービスをご提供いたします。

アクセスのご案内：客室内に寧波観光アクセス図が用意してあります。他の地図を
ご覧になりたい際には、フロントに用意してあります。

パソコンの貸し出しとインターネットのご利用：パソコンを貸し出すことができま
す。ホテル内のどこでも無線LANを利用できます。客室内ではケーブルでインター
ネットが無料で接続できます。

紛失物の受け取り：落し物を拾った際、また、物を紛失した際には、フロントまでお
問い合わせできます。

郵送：FAX、DHL、EMSなどを「ビジネスセンター」でご利用できます。

以上のサービスを利用する際には、まずフロントにお問い合わせください。

（登場人物：観光客の高橋さん、ガイドの李さん、フロントの王さん）

➤ **無料空港バスの予約**

高橋：おはようございます。

王：おはようございます。いかがなさいましたか。

高橋：来週友達が日本から来る予定なんです。空港まで迎えに行きたいんですが、
ここからだったら、どうやって空港まで行ったらいいですか。

王：空港までですね。タクシーや空港バス、地下鉄などの方法があります。

高橋:空港バスというのは、どんなバスですか。

王:当ホテルはお客様に無料で空港への行き帰りのバスを提供しております。

高橋:それはいいですね。

王:こちらはバスの時刻表です。お客様の出発のお時間が決まりましたら、前もってフロントにお伝えください。

高橋:それは便利ですね。この時刻表をもらってもいいですか。

王:どうぞ、ご遠慮なく。

高橋:どうも、今日中に予約します。

王:はい、わかりました。お待ちしております。

➤ **貴重品のお預かり**

王:もしもし、フロントです。

高橋:もしもし、1206号室の高橋です。すみません。実は貴重品を預けたいんですが、どこに預ければいいですか。

王:貴重品のお預かりですね。各客室のクローゼットに個人用の小型金庫が備えてありますので、よろしければそちらをご利用ください。

高橋:クローゼットか、ほかに方法はありませんか。

王:はい、1階のフロントでも、貴重品のお預かりを承っております、24時間ご利用できますので、どうぞ利用くださいませ。

高橋:分かりました。今すぐ預けに行きます。

王:はい、お待ちしております。

➤ **FAXのご利用**

高橋:李さん、今日の寧波市内の観光は楽しかったですね。案内、お疲れ様。

李:喜んでいただけてよかったです。今日はホテルに帰って、ゆっくり休んでくだ

さいね。明日は郊外の名所<ruby>名所<rt>めいしょ</rt></ruby>に行く予定ですので。

　高橋:そうですね。本当に疲れました。あ、そうだ。今日中に大事な資料を日本本社の者に送らなければならないのですが…

　李:分かりました。ホテルに着いたら、フロントに聞いてみます、たしかホテルでFAXができると思います。

➤ **10分後**

　李:すみません、日本へFAXで資料を送りたいのですが。

　王:はい、かしこまりました。1階ロビーの右側に「ビジネスセンター」がございます。あちらで24時間FAXがご利用できます。

　高橋:さすが5つ星のホテルですね。何でも揃<ruby>揃<rt>そろ</rt></ruby>えてあって、しかも24時間。じゃ、今すぐ資料を取ってきます。

　王:はい、一緒に行きます。

　高橋:よろしくお願いします。

⭐ 一、単語

提供する(ていきょうする):提供

行き帰り(いきかえり):来回

クローゼット(closet):衣橱

小型(こがた):小型

金庫(きんこ):保险箱

航空(こうくう):航空

貸し出し(かしだし):出借

無線(むせん):无线

ケーブル(cable)：电缆；索道,缆车

接続(せつぞく)：连接

紛失物(ふんしつぶつ)：遗失物

受け取り(うけとり)：接收

落し物(おとしもの)：失物

紛失する(ふんしつする)：丢失

問い合わせ(といあわせ)：询问

前もって(まえもって)：事先

面倒(めんどう)：麻烦

承る(うけたまわる)：接收,听从

観光(かんこう)：观光

付き合い(つきあい)：交往,陪伴

名所(めいしょ)：名胜

本社(ほんしゃ)：总公司

二、文型表現

1. 無料で空港への行き帰りのバスをご提供いたします。

   免费提供来回于机场的巴士。

2. 各客室のクローゼットに個人用の小型金庫が備えてあります。

   每间客房的衣柜内都配有供个人单独使用的小型保险箱。

3. 飛行機やバス、船などのチケットについてのサービスをご提供いたします。

   提供关于飞机、汽车、船等的票务服务。

4. 他の地図をご覧になりたい際には、フロントに用意してあります。

   如还想阅览其他地图,前台已为您准备。

5. 来週友達が日本から来る予定なんです。

下周朋友计划从日本过来。

6. 空港まで迎えに行きたいんです。

　　我想去机场迎接。

7. 空港バスというのは、どんなバスですか。

　　所谓的机场巴士是什么样的巴士呢?

8. 前もってフロントに予約しておければいいです。

　　提前去前台预约即可。

9. ほかに何かいいところはありませんか。

　　还有其他好的地方吗?

10. さすが5つ星のホテルですね。

　　不愧是五星级酒店。

★ 三、練習問題

（一）本文の内容に基づいて質問に答えなさい。

1. 五つ星ホテルではどんなサービスを提供していますか。

2. 無料空港バスはどんなバスですか。

3. どうやって無料空港バスを予約しますか。

4. 貴重品はどこに預けられますか。

5. ホテルのどこでFAXで資料を送りますか。

（二）次の文を中国語に訳しなさい。

1. ホテル内にはお客様にさまざまなサービスを提供いたします。

2. 客室内に寧波観光アクセス図が備えてあります。

3. 落し物をお拾いの際、また、物を紛失した際には、フロントまでお問い合わせできます。

4. タクシーや空港バス、地下鉄などの方法があります。

5. 1階のフロントでも、貴重品のお預かりを承っております、24時間ご利用できます

（三）会話の練習。

1. 二人でお客さんとフロントのスタッフを真似して、会話文を作りなさい。

2. あなたの故郷の有名なホテルを紹介しなさい。

答え

第 3 課

客室内サービスのご案内

　宿泊客にさまざまな客室内サービスをご提供いたします。

　クリーニング：お客様にクリーニングサービスを提供しております。クリーニング料金表とクリーニング用袋（ぶくろ）がクローゼット内にあります。

　ベッド用品及びバスルーム用品のご要望：お客様の要望に応じて、布団、スリッパ、バスタオル、ボディーシャンプー、シャンプーなどをご提供しております。

　電器用品：各種充電器（じゅうでん）、コネクター、110Vの変圧器（へんあつ）、空気清浄機（せいじょう）などを完備（かんび）しております。

　障害者向けの用品（しょうがいしゃ）：体が不自由の方にも、快適に過ごしていただけるように、障害者向けの用品を提供しております。

　客室内の飲食サービス（ルームサービス）：24時間客室内の食事サービスを提供しております。

　　客室内のバー:軽食、酒、ソフトドリングをご提供しております。お客様は自由にご利用できます。

　　客室の掃除:より快適な環境で宿泊していただけるように、24時間客室清掃サービスをご提供します。

　　モーニングコール:お客様のご要望に応え、「モーニングコール」というサービスをご提供します。

　　以上のサービスをご利用の際は、宿泊客は客室の電話でフロントにお問い合わせできます。

(登場人物:観光客の高橋さん、フロントの王さん)

➤ モーニングコールとルームサービスの予約

王:はい、フロントです。

高橋:もしもし、1206の高橋ですが。

王:はい、高橋様、いかがなさいましたか。

高橋:あしたのモーニングコールをお願いします。

王:はい、何時がよろしいですか。

高橋:5時でお願いします。

王:はい、かしこまりました。1206の高橋様、あしたの朝5時のモーニングコールですね。

高橋:あと、朝食なんですが。1階の汀兰居では何時からだっけ?

王:7時からです。

高橋:そうですか。明日6時にホテルから出発しなければならないんですが…

王:それでしたら、24時間ルームサービスを提供しておりますので、そちらをご利用ください。

高橋:それはありがたいですね。じゃ、5時半にルームサービスの朝食の予約、お願いします。

王:かしこまりました。お食事は何になさいますか。メニューは客室の机の上にございます。

高橋:ちょっと待ってください。

➤ **しばらくして**

高橋:もしもし、パンに牛乳がいいです。それから、サラダもお願いします。

王:かしこまりました。早速サービスセンターに連絡させていただきます。

高橋:よろしくお願いします。

> ➤ スペシャル料理の予約

王：はい、フロントです。

高橋：1206号室の高橋です。ホテル内のレストランを紹介してもらえないでしょうか。明日の夜、寧波にいる友人たちとゆっくり晩御飯を食べたいんですが。

王：はい、かしこまりました。明日は何名様でしょうか。

高橋：ええと、5人ぐらいです。

王：はい、五名様ですね。日本料理、中華料理、洋風料理がございますが、どれがお好みでしょうか。

高橋：そうですね。やはり中国の寧波ですから、寧波地元の郷土料理を食べたいですね。ガイドの李さんの話によると、寧波料理の特色は日本と似ていて海鮮料理だそうですね。じゃ、できれば、そのお店を紹介してください。

王：満庭芳中華レストラン、嘉宾厅中華レストランでは主に寧波郷土料理、同時に、四川料理、広東料理が味わえます。

高橋：それはいいね。

王：しかも、嘉宾厅中華レストランには個室があって、お客様はゆっくり食事を楽しめます。

高橋：営業時間は?

王：夕食の場合は、午後5時半から夜10時までです。

高橋：じゃ、そこにしましょう。

王：はい、かしこまりました。1206の高橋様五名様、あしたの夕食、嘉宾厅中華レストランの個室をご予約ということで、よろしいでしょうか。

高橋：はい、よろしくお願いします。

 一、単語

クリーニング（cleaning）：洗涤，干洗

バスルーム（bathroom）：浴室

要望（ようぼう）：要求，希望

応じる（おうじる）：根据，按照

布団（ふとん）：被子

スリッパ（slipper）：拖鞋

バスタオル（bath towel）：浴巾

ボディーシャンプー（body shampoo）：沐浴液

充電器（じゅうでんき）：充电器

コネクター（connector）：连接器

変圧器（へんあつき）：变压器

空気清浄機（くうきせいじょうき）：空气净化器

完備する（かんびする）：完备，完善

障害者（しょうがいしゃ）：残障者

ルームサービス（room service）：客房送餐服务

ソフトドリング（soft drink）：软饮

モーニングコール（morning call）：叫早电话

朝食（ちょうしょく）：早餐

注文する（ちゅうもんする）：订购，预定

サラダ（salad）：色拉

スペシャル（special）：特别

好み（このみ）：喜好

海鮮（かいせん）：海鲜

味わう（あじわう）：品味

個室（こしつ）：包间

⭐ 二、文型表現

1. お客様の要望に応じて、布団、スリッパ、バスタオル、ボディーシャンプー、シャンプーなどを提供しております。

   根据客人的要求,提供被子、拖鞋、浴巾、沐浴露、洗发水等。

2. 体が不自由の方にも、快適に過ごしていただけるように、障害者向けの用品を提供しております。

   为了使身体不便的客人获得更加舒适的居住环境,提供残障人士专用品。

3. お客様のご要望に応え、「モーニングコール」というサービスをご提供します。

   根据客人的需求,提供叫早服务。

4. 1階の汀兰居では何時からだっけ?

   一楼的汀兰居是几点开始营业来着?

5. 明日6時にホテルから出発しなければならないんですが…

   因为明天6点必须从酒店出发了。

6. パンに牛乳がいいです。

   (我)要面包加牛奶。

7. ホテル内のレストランを紹介してもらえないでしょうか。

   能为我介绍一下酒店内的餐厅吗?

8. ガイドの李さんの話によると、寧波料理の特色は日本と似ていて海鮮料理だそうですね。

   我听导游小李说,宁波的特色菜肴和日本的很相像,也是海鲜。

9. 満庭芳中華レストラン、嘉宾厅中華レストランでは主に寧波郷土料理、同時に、四川料理、広東料理が味わえます。

   满庭芳中餐厅、嘉宾厅中餐厅里主要以宁波本帮菜为主,同时还可以享用四川菜和广东菜。

10. 夕食の場合は、午後5時半から夜10時までです。

　　晚餐是下午5点半到晚上10点。

 三、練習問題

（一）本文の内容に基づいて質問に答えなさい。

1. ホテル客室ではどんなサービスを提供していますか。

2. モーニングコールとはどんなサービスですか。

3. ホテルではどんな電気製品を提供していますか。

4. 高橋さんはルームサービスにどんな食べ物を注文しましたか。

5. 高橋さんはどうして満庭芳中華レストランにしましたか。

（二）次の文を中国語に訳しなさい。

1. お客様にさまざまな客室内サービスを提供いたします。

2. クリーニング料金表とクリーニング用袋がクローゼット内にございます。

3. 各種の軽食、酒、ソフトドリングを提供しています。

4. お客さんの要望に応え、モーニングコールというサービスを提供します。

5. 早速サービスセンターにオーダーします。

（三）会話の練習。

1. 二人でお客さんとフロントのスタッフを真似して、客室掃除の予約について会話
　 文を作りなさい。

2. 地元の郷土料理の特徴を紹介しなさい。

答え

第 **4** 課

苦　情

　ホテルに泊まっている間に、思いがけない不具合が生じることがあります。主にホテル内の設備、商品の品質、サービスについての三つの面においてです。

　宿泊客に良いサービスを提供するためにホテル内の設備は基本的なものです。客室内のエアコンの故障や、トイレの水漏れなどで、宿泊客に迷惑が掛かると、すぐ苦情を言われる可能性があります。また、客はホテルのレベルが高いほど、商品の品質に対する期待も高いです。ルームサービスやレストランでの料理の中に、少しでも異物が混入していると、クレームを付けられる恐れがあります。五つ星ホテルでも、従業員の一部はまだ見習いで、ホテル業の実践経験が不足しています。そのため、客と接する際に、言葉遣いや身振り手振りを間違えてしまったり、客のご要望に応えるこ

とができなかったりする場合が少なくありません。従業員の外国語のレベルが低い
と、うまくコミュニケーションが取れず、誤解を招き、客からの苦情も多くなると見ら
れています。

したがって、ホテルは客により快適な空間を提供するために、設備や商品の品質、
サービスにおいて改善し続ける必要があります。客とのトラブルを解決する際に、心
を込めて「お客様を大事にする」という理念をいつまでも忘れないようにすべきです。

> （登場人物：観光客の高橋さん、フロントの王さん、ウェーターの陳さん、クリーニング係の孫さん）

➤ ルームサービスの苦情

高橋：もしもし、1206号室の高橋です。昨日頼んでおいた今朝5時半のルームサー
ビスですが、5分も過ぎたのに、まだ来てないよ。

王：お客様、大変申し訳ございません。すぐ確認いたします。

➤ 1分後

陳：（1206号室のドアをノックする）。ルームサービスです。大変お待たせいたしま

した。お客様のルームサービスです。遅くなりまして、大変申し訳ございません。

高橋：あれ、たしかサラダも注文しましたよね。

陳：申し訳ございません。ご注文されたサラダ、今すぐお持ちいたします。

高橋：困ったなあ。時間がないんですよ。6時に出発しなければなりせんから。テイクアウトができますか。

陳：かしこまりました、すぐご用意いたします。5時55分に1階ロビーでお渡しさせていただいてもよろしいでしょうか。

高橋：そうするしかないね。お願いします。

➤ **5時55分、1階ロビーで**

陳：お客様、大変お待たせいたしました。サラダでございます。ご迷惑をお掛けしまして、大変申し訳ございませんでした。

高橋：どうも。いいです。あっ、もう時間だ。行かなくちゃ。

陳：行っていらっしゃいませ。

➤ **クリーニングのクレーム**

王：もしもし、フロントの王です。

高橋：もしもし、1206室の高橋です。クリーニングを頼みたいんですが、クリーニング用袋はどこですか。

王：はい、クリーニング料金表とクリーニング用袋がクローゼット内にございます。

高橋：さっき、捜してみたんだけど、なかったよ。

王：大変申し訳ございません。すぐお部屋までお持ちいたします。

➤ **2分後**

孫：高橋様、ご迷惑をお掛けいたしました。申し訳ございませんでした。こちらが

クリーニング料金表とクリーニング用袋でございます。お洋服を袋の中に入れられ
ましたら、ドアの外に置かれてください。クリーニング係がすぐ取りに来ますから。

　高橋：はい、どうも。Ｙシャツなんですが、どのくらいかかりますか。

　孫：今出されますと、午後5時までにお渡しできます。

　高橋：そうですか。分かりました。どうも。

　孫：はい、失礼いたします。

➤ **午後5時半**

　高橋：もしもし、1206室の高橋です。実は今日午前中にＹシャツのクリーニングを
頼んだんですが、今返ってきた物を見たら、襟のところがまだ汚れていて…もう一度
きちんときれいに洗ってくれない？

　王：大変申し訳ございません。すぐクリーニング係に連絡いたします。

➤ **2分後**

　孫：（1206室のドアをノックする）。クリーニング係の孫です。大変ご迷惑をお掛け
いたしました。お客様のＹシャツを改めてクリーニングいたします。一時間後、お持
ちいたします。

　高橋：じゃ、よろしくね。

➤ **一時間後**

　孫：（1206室のドアをノックする）。クリーニング係の孫です。お客様、お待たせし
ました。Ｙシャツを改めてクリーニングいたしました。

　高橋：どうも。

　孫：今回、こちらの不注意で、お客様に大変ご迷惑をお掛けいたしました。お詫びと
言っては何ですが、こちらはクリーニングのクーポン券です。次回、クリーニングの

際に、どうぞ、ご利用くださいませ。

高橋:はい、またよろしくね。

 一、単語

苦情(くじょう):抱怨,不满

思いがけない(おもいがけない):意想不到的

不具合(ふぐあい):状况不好

生じる(しょうじる):发生,产生

設備(せつび):设备

品質(ひんしつ):品质

水漏れ(みずもれ):漏水

異物(いぶつ):异物

混入(こんにゅう):混入

クレーム(claim):申诉,索赔

従業員(じゅうぎょういん):工作人员

見習い(みならい):见习

実践(じっせん):实践

不足(ふそく):不足

言葉遣い(ことばづかい):措辞

身振り(みぶり):肢体动作

手振り(てぶり):手势

応える(こたえる):呼应,响应

誤解(ごかい):误解

招く(まねく):招致

トラブル(trouble):纠纷

心を込めて(こころをこめて)：用心

理念(りねん)：理念

係(かかり)：负责人

ノックする(knock)：敲门

テイクアウト(take out)：打包

持ち帰り(もちかえり)：打包带走

待ち合わせ(まちあわせ)：等候

襟(えり)：领子

改めて(あらためて)：再次

お詫び(おわび)：道歉

クーポン券(coupon けん)：优惠券

 二、文型表現

1. ホテルに泊まっている間に、思いがけない不具合が生じることがあります。

   在酒店住宿期间,总会发生各类意想不到、难以满意的情况。

2. 宿泊客に迷惑が掛かると、すぐ苦情を言われる可能性があります。

   一旦给客人的日常生活带来不便,就有可能马上遭到投诉。

3. 客はホテルのレベルが高いほど、商品の品質に対する期待も高いです。

   酒店水准越高,客人对酒店品质的期望也越高。

4. 客の要望に応えることができなかったりする場合が少なくありません。

   难以满足客人的希望这种情况也不少。

5. うまくコミュニケーションが取れず、誤解を招き、客からの苦情も多くなると見られています。

   因为沟通不到位,在很多情况下也会招致客人的投诉。

6. 心を込めて「お客様を大事にする」という理念をいつまでも忘れはいようにすべ

きです。

　从心里牢记"客户至上"理念。

7. 5分も過ぎたのに、まだ来てないよ。

　已经过了5分钟,却还没有来。

8. 5時55分に1階ロビーでお渡しさせていただいてもよろしいでしょうか。

　5点55分在一楼的大堂给您可以吗?

9. クリーニング物が袋の中に入れられましたら、ドアの外に置かれてください。

　您将要清洗的物品装到袋子里后,放到门外即可。

10. 次回、クリーニングの際に、どうぞ、ご利用くださいませ。

　请您在下次干洗衣物时使用。

 三、練習問題

(一)本文の内容に基づいて質問に答えなさい。

1. ホテル内の苦情は主にどんな事についてですか。

2. ホテルの従業員は経験不足のほかに、どんなことで外国人の客に不満を招かれる恐れがありますか。

3. ホテル業としてどんな理念を忘れてはいけませんか。

4. 結局、高橋さんの注文したサラダはどうされましたか。

5. 弁償としてクリーニング係の孫さんは高橋さんに何をしましたか。

(二)次の文を中国語に訳しなさい。

1. 主にホテル内の設備、商品の品質、サービスについての三つの面においてです。

2. 五つ星ホテルでも、従業員の一部はまだ見習いで、ホテル業の実践経験が不足しています。

3. ご注文されたサラダ、今すぐお持ちいたします。

4. 困ったなあ。時間が間に合いません。

5. さっき、捜してみたが、なかったよ。

（三）会話の練習。

1. 二人でお客さんとホテルの従業員を真似して、あるトラブルの解決について会話
   文を作りなさい。

2. 「客を大事にする」という言葉についてどう思いますか。

答え

第 5 課

チェックアウト

　チェックアウトとはホテルなどの宿泊施設で、料金を精算して引き払うことです。

　チェックアウトの手続きをスムーズにするために、客とホテル側はそれぞれ以下のことを注意しなければなりません。

一、チェックアウトの時間

　チェックアウトの時間は国、地方、または宿泊施設によって違います。大体お昼11時から午後4時になっています。チェックインの際に、ホテル側は宿泊客にチェックアウトの時間を前もって言うべきです。念のために、宿泊客は、チェックアウトの予定日の前日にもう1回ホテルに確認することが大切です。

二、料金の精算

　チェックアウトの際、料金の精算をします。それには宿泊の料金のほかに、クリーニング代やレストランの食事代など、ホテルに泊まっている間に利用した有料サービスの料金も含まれています。ホテル側はお客さんが利用する際に、有料か無料か、いくらかかるか分りやすく説明し、また、チェックアウトのとき、明確な領　収　書を渡すべきです。

三、忘れ物のチェック

　普通、チェックアウトに5分ぐらい掛かります。宿泊客側がフロントでチェックアウトしている間に、ホテル側はお客さんの部屋で忘れ物のチェックなども行っています。ホテル側は効率よく部屋をチェックし、チェックアウトが終わる前に、終了するのが基本です。宿泊客も客室を出るとき、なるべくもう一度忘れ物がないかどうか確認します。

四、他のサービス

　ホテルはお客さんのご要望に応じて、チェックアウト後の交通機関の予約、外国人のお客さんにお金の両　替などのサービスを提供しています。

（登場人物：観光客の高橋さん、フロントの王さん、清掃係の張さん）

➤ **チェックアウトと空港無料バスの予約**

➤ **チェックアウトの前日**

高橋：もしもし、1206の高橋です。

王：はい、フロントの王です。いかがなさいましたか。

高橋：あしたはチェックアウトするつもりですが、何時までですか。

王：当ホテルのチェックアウトは午前11時となっております。

高橋：11時ですか。分かりました。VISAカードは使えますか。

王：はい、ご利用いただけます。

高橋：あと、あした、12時に寧波発の飛行機に乗る予定なんですが、空港無料バスを利用できますか。

王：はい、今ご予約になりますか。空港まで30分ぐらいかかりますので、12時発の便なら、9時半のバスは、いかがでしょうか。

高橋：わかりました。それではお願いします。じゃ、あした、朝ごはんが終わってからチェックアウトをします。よろしくお願いします。

王：はい、かしこまりました。

➤ **チェックアウト当日**

高橋：おはようございます。

王：おはようございます。

高橋：1206号室のチェックアウトをお願いします。カードでお願いします。

王：はい、ルームキーをお願いします。少々お待ちください。

➤ **2分経ってから**

王：お待たせしました。客室のコーヒー3缶のご利用で、お間違いないでしょうか。

高橋：はい、そうです。

王：かしこまりました。こちらでございます。どうぞご確認ください。クリーニング代、コーヒーの料金、電話代、ルームサービスの料金です。

高橋：はい。

王：カードをお返しいたします。こちらにサインをお願いします。こちらは領収書のお控^{ひか}えです。お荷物はこちらの3点でお間違いないでしょうか。早速空港バスにお運びいたしますので、少々お待ちください。

高橋：どうも。

張：すみません。1206号室の高橋様でしょうか。

高橋：はい、高橋です。

張：私は客室清掃係^{がかり}の張です。こちらはお客様のめがねでしょうか。さきほど、荷物チェックのとき1206号室で見つけたのですが。

高橋：本当だ。忘れてしまいました。ありがとうございます。

張：いいえ。

王、張：またのお越しをお待ちしております。

高橋：どうもお世話になりました。

★ 一、単語

宿泊（しゅくはく）：住宿

施設（しせつ）：设施

精算（せいさん）：结算

引き払う（ひきはらう）：退出，离开

スムーズ（smooth）：顺畅

前日(ぜんじつ):前一天

確認する(かくにんする):确认

食事代(しょくじだい):餐费

有料(ゆうりょう):收费

明確(めいかく):明确

領収書(りょうしゅうしょ):收据

効率(こうりつ):效率

終了する(しゅうりょうする):完成

勘定(かんじょう):结账

ルームキー(room key):房间钥匙

控え(ひかえ):副本

 二、文型表現

1. チェックアウトとはホテルなどの宿泊施設で、料金を精算して引き払うことです。

   退房就是酒店等结算费用后把住宿设施腾空出来。

2. チェックアウトの手続きをスムーズにするために、客とホテル側はそれぞれ以下のことを注意しなければなりません。

   为了让退房手续办得更加顺利,客人和酒店方需要注意以下几点。

3. チェックアウトの時間は国、地方、または宿泊施設によって違います。

   退房时间根据不同国家、地区,甚至住宿设施不同而不同。

4. 大体お昼11時から午後4時になっています。

   基本从中午11点到下午4点不等。

5. チェックインの際には、ホテル側は宿泊客にチェックアウトの時間を前もって言うべきです。

办理入住手续时,酒店应该提前将退房时间告知客人。

6. 念のために、宿泊客は、チェックアウトの予定日の前日にもう1回ホテルに確認
することが大切です。

以防万一,客人可以在退房前一日确认酒店的退房时间。

7. 宿泊客側はフロントでチェックアウトしている間に、ホテル側はお客さんの部屋
で忘れ物のチェックなども行っています。

客人在前台办理退房手续的同时,酒店方也在安排检查客人房间内是否有遗留物。

8. ホテル側は効率よく部屋をチェックし、チェックアウトが終わる前に、終了する
のが基本です。

酒店方须提高检查房间的效率,在完成退房手续前结束房间的检查。

9. 12時発の便なら、9時半のバスは、いかがですか。

如果是12点起飞的航班,坐9点半的巴士怎么样?

10. またのお越しをお待ちしております。

期待您的再次光临。

 三、練習問題

(一)本文の内容に基づいて質問に答えなさい。

1. チェックアウトはどういうことですか。

2. チェックアウトの料金精算は宿泊代のほかにどんな料金も含まれていますか。

3. 部屋のチェックはいつまでに終えなければなりませんか。

4. 高橋さんは何時の空港バスに乗りますか。

5. 高橋さんは部屋に何を忘れましたか。

(二)次の文を中国語に訳しなさい。

1. チェックアウトの際、料金の精算をします。

2. 普通、チェックアウトが5分ぐらいかかります。

3. 宿泊客も客室を出るとき、なるべくもう一度忘れ物がないかどうか再確認します。

4. チェックアウト後の交通機関の予約、外国人お客さんにお金の両替などのサービスを提供しています。

5. あした、朝ごはんが終わってからチェックアウトをします。

（三）会話の練習。

1. 二人でお客さんとフロントのスタッフを真似して、チェックアウトについて会話文を作りなさい。

2. チェックアウトの手続きは簡単ですか。面倒ですか。普通何時にチェックアウトしたほうがいいと思いますか。

答え

第四単元　飲食篇

第 1 課

老　舗

　中国では「民は食を天とす」という言葉があります。食は天ほど重要であるという意味で、いくら偉い人でもお腹が空いていては何もできないのです。旅の楽しみも、「美しい風景を見る」「おいしいものを食べる」「気に入ったお土産を買う」と言われているように、食べることがこの三つの中の一つになっています。中国旅行最大の楽しみといえば、なんといってもグルメです。寧波は東海に面しているので、新鮮な海鮮料理が味わえる街として有名です。寧波料理は海の幸を特色とし、盛り付け、色彩がすばらしいです。調理法のほとんどは油炒め、揚げ物、蒸し物、煮込む、塩漬けなどを生かし、ユニークなことでよく知られています。寧波の海鮮料理は中国国内はもとより、日本人にもファンが多いです。

　状元楼は寧波の中心部にあたる、繁華街のど真ん中にあります。寧波で、一番歴史が長くて、よく知られている寧波料理の老舗の一つです。入口から中国らしい独特の

外観で店内も同様です。満席のことが多く、予約しなければ待たないといけないそう
です。店内は中国の数十年前の高貴な人々の自宅を再現した作りになっています。
飾り付けや鳥かごがあったりと細かい所も凝っています。そのような雰囲気も後押
し、料理もとても美味しいです。店員さんもテキパキしており、対応もしっかりして
います。教育、指導が行き届いています。中国文化を感じながら食事が出来る店で
す。是非、一度行ってもらいたいと思います。

（登場人物：観光客の高橋さん、佐藤さん、田中さん、ガイドの李さん）

李：これより皆様をお食事にご案内いたします。本日のご昼食は寧波料理の老舗レ
ストラン「状元楼」で召し上がっていただきます。中国語に「山珍海味」という言葉が
あります。山珍とは山の幸のことで、海味は海の幸のことです。このお店では石首魚
を使った料理が評判です。海で捕れた魚、まさに「寧波の海」の味わいですね。

高橋：どんな料理が出てくるのか、楽しみですね。

李：寧波ならやはり海鮮料理です。生け簀の中にある食材を選んで調理方法を指定
して注文します。またメニューから選ぶ中華料理もあります。

田中：今日は海鮮目当てですか。調理の方法はどうしますか。

李：調理の方法を店員から聞かれるので、中国語が出来ない方は結構面倒です。

高橋：そうですか。じゃ、李さんにお任せします。

李：お食事は二階にご用意いたしました。足元にご注意されてお上がりください。

佐藤：おう、なかなか立派なレストランですなあ。

田中：あっ、これみて、この彫刻の置物は何ですか。

李：これは寧波の有名な工芸品としての「骨木象嵌」です。昔は「貢ぎ物」とされ、今
も北京頤和園の楽寿堂に寧波の骨木象嵌が陳列されています。骨木象嵌は朱金の木
彫り、漆の工芸品と同じように、唐代に鑑真和尚によって日本に伝わったと言われて
います。

田中：そうですか。すばらしいですね。

李：お席のほうはご自由にお座りください。ただ今、ウェイトレスがお注ぎしているお茶は「望海茶」と申しまして、寧波の山奥で取れた自然のお茶でございます。

田中：うーん、言われてみれば少し渋みがあって野生的な感じがしますね。

李：はい、お待たせしました。料理が来ました。まずは「冰糖甲魚湯」、これはすっぽんと砂糖のスープです。大変お体にもよいスープですので、たくさん召し上がってください。

李：次の料理は「咸菜小黄魚」と申します。寧波近くの海で捕れて、石首魚とピクルスを一緒に煮て、調味料を使っていません。石首魚は身が柔らかいです。どうぞ一匹召し上がってください。

高橋：そのスープをいただいてもよろしいですか。ああ、いい香り、おいしいですよ。

李：これは「腐皮包黄魚」です。石首魚を湯葉に包み揚げたいしもち湯葉包みは、黄色の見た目も鮮やかな寧波を代表する伝統料理です。みなさん、お飲み物はいかがなさいますか。

田中：とりあえず、ビールで乾杯しましょうよ。李さん、5本ほどお願いします。

李：はい、承知しました。ビールの銘柄は何がよろしいでしょうか。

田中：うん、せっかくだから、地元のビールを飲んでみたいですね。

李：はい、それでは「大梁山ビール」にいたしましょう。

李：他に中国酒をご希望の方はいらっしゃいますか。今日は中国白酒の銘柄「五糧液」をご用意させていただきました。ご遠慮なくお申し付けください。また、このお酒はお土産用として売店でもお求めいただけます。お気にめされましたら、後ほどご案内いたします。

佐藤：僕は、白酒（しろざけ）を飲みたい。

高橋：飲み過ぎて帰れなくなっても知りませんよ。

田中：帰れなくなったら、寧波に長く駐在してもいいですよ。

高橋：これで寧波の人がまた一人増えるね。

全員：はははは…

 一、単語

老舗（しにせ）：老字号

偉い（えらい）：伟大的

海の幸（うみのさち）：海产,海味

盛り付け（もりつけ）：装盘

色彩（しきさい）：色彩

調理法（ちょうりほう）：烹饪方法

油炒め（あぶらいため）：油炒

蒸し物（むしもの）：蒸的东西

煮込む（にこむ）：煮熟

塩漬け（しおづけ）：腌制

ユニーク（unique）：独特的,特有的

グルメ(gourmet):美食家

ファン(fan):狂热爱好者,支持者

高貴(こうき):尊贵,珍贵

再現(さいげん):再现

飾り付け(かざりつけ):装饰品

後押し(あとおし):后援,支持

テキパキ:麻利,敏捷

対応(たいおう):应付,对付

山の幸(やまのさち):山珍

石首魚(いしもち):白姑鱼,黄鱼

生け簀(いけす):鱼槽,鱼笼,养鱼池

目当て(めあて):目标,着重点

任せる(まかせる):委托,托付;听任,任凭

彫刻(ちょうこく):雕刻,雕塑

工芸品(こうげいひん):工艺品

骨木象嵌(こつこぞうがん):骨木镶嵌

貢ぎ物(みつぎもの):贡物,贡品

朱金の木彫り(しゅきんのきぼり):朱金木雕

漆(うるし):漆

ウェートレス(waitress):女服务员

山奥(やまおく):深山

渋み(しぶみ):涩味,涩感

すっぽん:甲鱼,鳖

ピクルス(pickles):咸菜,酸菜,泡菜

湯葉(ゆば):豆腐皮

包み揚げる(つつみあげる):包裹后炸

鮮やか(あざやか):鲜艳的

承知(しょうち):明白,知道

銘柄(めいがら):品牌

地元(じもと):当地

申しつける(もうしつける):吩咐,命令

お気に召す(おきにめす):满意的敬语

駐在(ちゅうざい):派驻,驻在

 二、文型表現

1. 中国旅行最大の楽しみといえば、なんといってもグルメです。

   说起在中国旅行的最大乐趣,不管怎么说都是美食。

2. 寧波の海鮮料理は中国国内はもとより、日本人にもファンが多いです。

   宁波的海鲜在国内不用说了,在日本人中也很受欢迎。

3. 寧波料理は海の幸を特色とし、盛り付け、色彩がすばらしいです。

   宁波菜以海鲜为特色,装盘、颜色都非常漂亮。

4. 店員さんもテキパキしており、対応もしっかりしています。

   店员手脚麻利,培训也做得很到位。

5. 海で捕れた魚、まさに「寧波の海」の味わいですね。

   海里捕获的鱼,不愧是宁波的大海的味道。

6. 今日は海鮮目当てですか。

   今天是海鲜为主吗?

7. 骨木象嵌は朱金の木彫り、漆の工芸品と同じように、唐代に鑑真和尚によって日本に伝わったと言われています。

   据说骨木镶嵌是和朱金木雕、漆器一样,由唐代的鉴真和尚传到了日本。

8. せっかくだから、地元のビールを飲んでみたいですね。

　　好不容易来一趟,想喝喝当地的啤酒。

9. このお酒はお土産用として売店でもお求めいただけます。

　　这个酒作为特产在商店可以购买。

10. お気にめされましたら、後ほどご案内いたします。

　　如果您喜欢的话,稍后为您(详细)介绍。

 三、練習問題

（一）本文の内容に基づいて質問に答えなさい。

1. なぜ中国旅行最大の楽しみはグルメと言われていますか。

2. 寧波はどんな料理が有名ですか。なぜですか。

3. 状元楼はどんな店ですか。

4.「山珍海味」というのはどんな意味ですか。

5. 寧波の有名な料理を三つ言ってください。

（二）次の文を中国語に訳しなさい。

1. 食は天ほど重要であるという意味で、いくら偉い人でもお腹が空いていては何も
　　できないのです。

2. 状元楼は寧波の老舗の一つで、入口から中国らしい独特の外観で店内も同様です。

3. 昔は「貢ぎ物」とされ、今も北京頤和園の楽寿堂に寧波の骨木象嵌が陳列されて
　　いる。

4. 言われてみれば少し渋みがあって野生的な感じがします。

5. せっかくだから地元のビールを飲んでみたいですね。

（三）会話の練習。

1. あなたの故郷の飲食老舗を一つ紹介してください。

2. あなたの故郷では、どんな有名な料理がありますか。紹介してください。

答え

第 2 課

家庭料理

中国人の一般の家庭はどんなものを食べていると思いますか。おそらく餃子だと考えている方が多いと思います。もちろん、餃子は中国文化の一部分ともいえ、一家団欒を象徴します。お客さんを招待するとき、歓迎の意を表すために、よく餃子が出されます。

しかし、寧波は中国では南地方に属しています。南方の人たちは、小麦より米を主食としているので、主にご飯と炒め物を食べますが、寧波料理は皆さんが思われているほど油っこくありません。そのほか、寧波は海の物や野菜の種類が多いです。海鮮物や野菜は体にもいいし、美容にもいいということでたいへん好まれています。

寧波市内では屋台からカフェ、高級レストランまで、様々なジャンルのグルメを楽

しむことができます。寧波の定番料理はもちろん、地元の新鮮な食材を使ったヘルシーなお料理、日本人にもなじみ深いスターバックスなどのコーヒーチェーン店もあり、豊かな食文化を堪能できるのが魅力です。

　寧波の一般の家庭では、朝食は主にパン、小麦粉で作った揚げパンのような「油条大餅」というものを食べます。また、油であげて胡麻(ごま)をつけた団子(だんご)「麻球」を食べます。そのほか、牛乳・豆乳(とうにゅう)・卵・お粥(かゆ)などを食べ、いろんな具(ぐ)が入った饅頭(まんじゅう)、麺類(めんるい)や米粉(べいふん)を食べます。昼食は何品かの料理を作って、ご飯か、麺などと一緒に食べます。夕食は昼食と同じように、ご飯と料理を食べ、また麺、お粥、もちなどの軽食ですませます。このように、寧波人の伝統的な食べ方は、朝はいいものを食べ、お昼はお腹いっぱいに、夕飯は、日本流にいえば「腹八分目(はらはちぶんめ)」が習慣になっています。

　　（登場人物：観光客の高橋さん、佐藤さん、田中さん、ガイドの李さん）

　李：皆さん、こんばんは。これより、お食事にご案内いたします。

　田中：李さん、今日はどんな料理を食べさせてもらえますか。

　李：田中さんはどんな料理がお好きですか。

　田中：わたしはあっさりした料理の方がいいですが、せっかく寧波に来ましたから、本場の中華料理を食べてみたいです。これも中国へ旅(たび)する一つの楽しみですから。

　李：そうですね。先日は老舗の「状元楼」へ行きましたが、本日の夕食は有名な家庭料理「貼閣碧」で召し上がっていただくことになります。レストランまでちょっと時間がありますので、ここでこの店をご紹介いたします。「貼閣碧」は寧波でチェーン店が多い地元料理のレストランです。店名から見ると「ネイバー」というコンセプトです。味付けが日本料理に近く、油も少な目なので、日本人には食べやすいです。

　高橋：そうですか。早く食べてみたいですね。

　李：さあ、皆さん、レストランに着きました。お食事は二階にご用意しております。お足元にお気をつけてお上がりください。

佐藤：きれいなレストランですなあ。ほどよくおしゃれ、ほどよくカジュアルで入店しやすいですね。

高橋：若者から家族連れまで大勢のお客さんで賑わっていますね。

李：この店は現地の中国人に大人気なので、夕方6時〜7時は大変混雑して30分以上待つこともしばしばです。

田中：ほんとうに人が多いですね。

李：ここは都市部に展開する江南料理のチェーン店で、一皿の量は比較的少ないので、いくつものお料理を楽しむことが出来ます。お値段もお手頃なので、休日になると、いつも満員です。

李：皆様、どうぞご自由に席におつきください。それでは、まず、飲み物について説明させていただきます。ここでの飲み物は最初の一杯はサービスとなっております。種類はビール、コーラ、スプライト、ミネラルウォーターがございます。

高橋：お茶はありますか。

李：お茶は無料ですが、そのほかは別料金となっております。

高橋：お茶で結構です。お願いします。

李：はい、わかりました。みなさん、飲み物は何になさいますか。

佐藤：ビールをお願いします。

田中：わたしはコーラがほしいです。

李：ビールとコーラですね。何本ほしいですか。

佐藤：2本お願いします。

田中：1本お願いします。

李：追加いただく場合は、ビール一本15元、コーラは一本10元です。お支払いは最後になっておりますのでよろしくお願いします。

では、今日ご用意いたしました料理の方を簡単に紹介させていただきます。最初に出されるのが前菜（ぜんさい）です。ピータン、豆腐のあえもの、茸（きのこ）の揚げ物などです。それから

メイン料理が出されますが、みなさんに馴染みぶかい酢豚、焼き鳥など、約8品ほどございます。最後にデザートとして「寧波湯圓」が用意されております。ほかに何か注文がございましたらご遠慮なくお申し付けください。

田中：「寧波湯圓」とは何ですか。

李：それは胡麻と豚の油で作った餡^{あん}を包んだ団子です。甘くておいしいです。寧波の名物の一つです。

田中：ぜひ食べてみたいです。

李：なお、出発の時間は1時ですから、どうぞゆっくりお召し上がりください。

李：皆さん、料理はいかがでしたか。

高橋：おいしかったです。やっぱり本場の寧波料理はすばらしいですね。ビールもおいしかったです。これは前回飲んだビールと違いますね。

李：はい、そうです。それは地元の雪花という銘柄です。

客一同：本当においしかったです。ご馳走さまでした。

李：それはよかったです。皆さん、ホテルへ戻ります。お忘れ物のないようにお願いします。気をつけます。

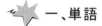 一、単語

一家団欒(いっかだんらん)：一家团圆

象徴(しょうちょう)：象征

招待(しょうたい)：招待

歓迎(かんげい)：欢迎

南地方(みなみちほう)：南方

属する(ぞくする)：从属,属于

小麦(こむぎ)：小麦

炒め物(いためもの)：炒菜

脂っこい（あぶらっこい）：油多的，油腻的

好む（このむ）：爱好，喜欢

屋台（やたい）：流动摊贩

カフェ（café）：咖啡店

ジャンル（genre）：类别，体裁，流派

定番（ていばん）：基本商品

ヘルシー（healthy）：健康的，健壮的

馴染み深い（なじみぶかい）：早已熟悉

スターバックス（Starbucks）：星巴克

チェーン（chain）：连锁

堪能（かんのう）：精通，擅长

小麦粉（こむぎこ）：小麦粉

胡麻（ごま）：芝麻

腹八分（はらはちぶ）：吃八分饱

魅力（みりょく）：魅力

軽食（けいしょく）：快餐，小吃

ネイバー（neighbor）：邻居，邻国，邻近

コンセプト（concept）：概念，思想，观念

味付け（あじつけ）：调味

ほどよい：适当的，恰好的

洒落（しゃれ）：漂亮，好打扮

カジュアル（casual）：简便，轻松

賑わう（にぎわう）：热闹

手頃（てごろ）：合适

スプライト（Sprite）：雪碧

ミネラルウォーター(mineral water):矿泉水

追加(ついか):补加,追加

前菜(ぜんさい):开胃菜,小菜

ピータン:皮蛋

あえもの:拌菜

メイン(main):主要的

酢豚(すぶた):糖醋肉

茸(きのこ):蘑菇

デザート(dessert):甜点

本場(ほんば):正宗

銘柄(めいがら):品牌

二、文型表現

1. 寧波料理は皆さんが思われているほど油っこくありません。

   宁波菜并不像大家想的那样油腻。

2. 海鮮物や野菜は体にもいいし、美容にもいいということでたいへん好まれています。

   海鲜、蔬菜等有益于身体,又有助于美容,因此广受欢迎。

3. 寧波市内では屋台からカフェ、高級レストランまで、様々なジャンルのグルメを楽しむことができます。

   宁波市内从排档到咖啡、高级饭店,可以享受到各种美食。

4. せっかく寧波に来ましたから、本場の中華料理を食べてみたいです。

   好不容易来宁波,所以想尝一尝本地的中国菜。

5. 店名から見ると「ネイバー」というコンセプトです。

   从店名来看,就是"邻居"的概念。

6. 味付けが日本料理に近く、油も少な目なので、日本人には食べやすいです。

　　味道和日本菜相似，油很少，因此日本人也喜欢吃。

7. 一皿の量は比較的少ないので、いくつものお料理を楽しむことが出来ます。

　　每盘量都较少，所以可以享受不同的菜。

8. お支払いは最後になっておりますのでよろしくお願いします。

　　麻烦最后一起结算。

9. 今日ご用意いたしました料理の方を簡単に紹介させていただきます。

　　请允许我简单介绍一下今天准备的菜。

10. ほかに何か注文がございましたらご遠慮なくお申し付けください。

　　如果有其他想点的，请不要客气跟我说。

 三、練習問題

（一）本文の内容に基づいて質問に答えなさい。

1. 餃子は中国の飲食文化でどんな意味を持っていますか。

2. 寧波料理はどんな特徴を持っていますか。

3. 寧波の普通の家庭は朝食、何を食べますか。

4.「腹八分」とはどういう意味ですか。

5.「貼閣碧」はどんなお店ですか。

（二）次の文を中国語に訳しなさい。

1. 餃子は中国文化の一部分ともいえ、一家団欒を象徴します。お客さんを招待する

　　とき、歓迎の意を表すために、よく餃子が出されます。

2. 寧波の定番料理はもちろん、地元の新鮮な食材を使ったヘルシーなお料理、日本

　　人にもなじみ深いスターバックスなどのコーヒーチェーン店もあり、豊かな食文

　　化を堪能できるのが魅力です。

3. このように、寧波人の伝統的な食べ方は、朝はいいものを食べ、お昼はお腹いっぱいに、夕飯は、日本流でいえば「腹八分目」が習慣になっています。

4. お値段もお手頃なので、休日になると、いつも満員です。

5. ここでの飲み物は最初のコップ一杯はサービスとなっております。

（三）会話の練習。

1. 故郷の家庭料理を一品紹介してください。

2. 得意な料理の作り方を説明してください。

3. 中華料理と日本料理の特徴をそれぞれ話してください。

答え

第 3 課

酒文化

　中国では大昔から酒造りを始め、四千年以上の歴史を持っています。長い間、たくさんの美酒が作られてきました。中国の酒というのは、もちろん中国で造られた酒のことです。中国酒は、種類が多く、1000以上もあると言われています。主なのは、穀物醸造酒の黄酒、穀物蒸留酒の白酒、果実醸造酒の果物酒、果実蒸留酒のブランデー、薬味酒、そしてビールです。

　黄酒は老酒ともいわれますが、餅米、もちきび、もち粟などを主原料とし、数千年もの歴史を誇る古い酒です。「紹興酒」がその代表的なものです。「紹興」といえば、故文豪魯迅先生の出生地としても有名で、銘柄としては「加飯」「花彫」「女児紅」などが有名です。寧波のお酒も黄酒に属しています。特に「阿拉老酒」というものが有名です。また、寧波の酒と言えば、楊梅酒を思い出す人も少なくありません。それは山の桃を白

酒につけて作ったお酒です。熱中症などによく効くそうです。地元ビールなら、大梁山や雪花というビールがあります。

酒は古代では、祭祀用として使われ、その後、「酒席を設ける」といわれるように、客の接待などで興を添えるものとして使われるようになりました。食王国の中国では美食には美酒が付き物です。酒がなければ宴席になりません。今では民間でも、年の終わりには「辞歳酒」、老人の誕生日に「祝寿酒」、結婚式には「喜酒」、子供が生まれて一ヶ月になると「満月酒」で祝います。

このように、酒も中国の食文化の一環といっても過言ではありません。せっかく寧波までおいでになったのですから、日本では見られない珍しいお酒を一度試してみられるのも楽しいと思います。

[登場人物:観光客の高橋さん、佐藤さん、田中さん、ガイドの李さん]

李:そろそろ食事の時間です。皆様は、お腹が空いておられますか。

田中:はい、空きました。

李:「空きっ腹にまずい物無し」と言いますから、お腹が空いていらっしゃれば何でもおいしく召し上がれます。

佐藤:今日はどこを案内していただけるんですか。

李：今日は日本人向きの中華料理店「石浦飯店」で召し上がっていただきます。このレストランは月湖（げっこ）の前にあるので、食事をしながら月湖の景色を見るのは最高です。

> **石浦飯店で**

店員：いらっしゃいませ。四名様でございますね。

李：ええ、あのう、予約してるんですけど。

店員：お名前は何とおっしゃいますか。

李：李紅と申します。

店員：李さんでいらっしゃいますね。こちらへどうぞ。

田中：ほら、生け簀（い・す）がありますよ。魚の種類も多くて、甲殻類（こうかく）もたくさんいますね。

李：さあ、みなさん、どうぞ。ご自由に座ってください。

佐藤：こういう中国式の椅子は初めて、おもしろいです。

李：どうぞ楽になさってください。部屋からは月湖が見えますよ。

高橋：そうですか。すてきな景色ですね。

店員：お客様、お飲み物は?

李：みなさん、今日は寧波のお酒はどうですか。

高橋：いいですね。寧波料理には寧波のお酒ですね。

李：そうですね。それでは、五年ものの「阿拉老酒」をお願いします。

店員：「阿拉老酒」ですね。かしこまりました。

田中：李さん、なぜこのお酒は「阿拉老酒」と呼ばれていますか。

李：「阿拉」は寧波の言葉で「わたしたち」の意味です。つまり、「わたしたちのおさけ」ということです。「阿拉老酒」は寧波ならではの紹興酒（しょうこうしゅ）で、五年陳と十二年陳の二種類があります。

佐藤：そうですか。そんなに長く貯蔵したんですか。

➢ 料理が来てから

田中：きれいに盛り付けてありますね。これは何といいますか。

李：これは「蟹糊（かに しおから）」といいます。蟹の塩辛です。これはこの店の自家製（じ か せい）のもので、生（なま）臭（ぐさ）くなくてとても美味しいですよ。

佐藤：あっ、ほんとうですね。おいしいです。これは舌平目（したびらめ）ですか。

李：はい、そうです。

佐藤：初めて中国で舌平目（したびらめ）の姿蒸し（すがたむ）を食べます。

李：寧波は海に近いので、海鮮物は特に新鮮です。

田中：李さん、これは何ですか。

李：海鮮湯麺（とうめん）です。中に小さなエビや貝が入ってあっさりした湯麺です。どうぞめしあがってください。

田中：これも美味しいですね。

➢ 1時間後

李：みなさん、料理はいかがでしょうか。

田中：おいしかったです。やっぱり本場の寧波料理は違いますね。

李：中国は広いですから、中華料理と言っても数え切れないほどの種類があります。もちろん味も違います。

佐藤：ここの料理はほっぺたが落ちそうなほどおいしかったです。「阿拉老酒」もさすがに寧波のお酒です。

高橋：ほんとうにおいしかったですね。ご馳走さまでした。

李：「蓼食う（たでく）虫（むし）も好き好き」と申しますから、お口に合わなくても旅先のお土産話として、持ち帰ってください。

★ 一、単語

黄酒(こうしゅ):黄酒

白酒(はくしゅ):白酒

果実酒(かじつしゅ):果実酒

ブランデー(brandy):白兰地

薬味酒(やくみしゅ):药酒

餅米(もちごめ):糯米

もちきび:糯黍

もち粟(もちあわ):糯小米

誇る(ほこる):夸耀,自豪

文豪(ぶんごう):文豪,文学家

出生地(しゅっせいち):出生地

熱中症(ねっちゅうしょう):中暑

祭祀用(さいしよう):祭祀用

酒席(しゅせき):酒席

設ける(もうける):准备,预备;设立,制定

興(きょう):趣味,乐趣

添える(そえる):增加,添加

付き物(つきもの):附属物,离不开的东西

宴席(えんせき):宴席

一環(いっかん):一环,一部分

過言(かごん):夸张,言重

空きっ腹(すきっぱら):空腹,饿肚子

空きっ腹にまずい物無し(すきっぱらにまずいものなし):饥不择食

生け簀(いけす)：鱼槽,鱼笼,养鱼池

甲殻(こうかく)：甲壳

貯蔵(ちょぞう)：储藏,储存

塩辛(しおから)：腌酵食品

舌平目(したびらめ)：玉秃鱼

ほっぺたが落ちる(ほっぺたがおちる)：形容非常好吃

蓼食う虫も好き好き(たでくうむしもすきずき)：人各有所好

土産話(みやげばなし)：旅途见闻

 二、文型表現

1. 寧波の酒と言えば、楊梅酒を思い出す人も少なくありません。

   说起宁波的酒,很多人都会想到杨梅酒。

2. 地元ビールなら、大梁山や雪花というビールがあります。

   本地啤酒的话,有大梁山、雪花。

3. 酒は古代では、祭祀用として使われました。

   酒在古代作为祭祀用品使用。

4. 食王国の中国では美食には美酒が付き物です。

   在被称为饮食王国的中国,品尝美食时美酒不可或缺。

5. 酒がなければ宴席になりません。

   无酒不成宴席。

6. 酒も中国の食文化の一環といっても過言ではありません。

   酒可以说就是中国饮食文化的一部分。

7. 食事をしながら月湖の景色を見るのが最高です。

   边吃饭边欣赏月湖的景色是最棒的。

8.「阿拉老酒」は寧波ならではの紹興酒で、五年陳と十二年陳の二種類があります。

　　"阿拉老酒"是宁波特有的绍兴酒,分五年陈和十二年陈两种。

9. 中国は広いですから、中華料理と言っても数え切れないほどの種類があります。

　　中国地大物博,说到中国菜有数不清的种类。

10. ここの料理はほっぺたが落ちそうなほどおいしかったです。

　　这里的菜好吃极了。

 三、練習問題

(一)本文の内容に基づいて質問に答えなさい。

1. 中国のお酒はどれぐらいの歴史がありますか。

2. 中国のお酒の主な種類をいくつか紹介してください。

3. 黄酒は何から作られていますか。

4. 寧波のお酒の銘柄を三つ言ってください。

5. なぜ酒は中国文化の一環と言っても過言ではありませんか。

(二)次の文を中国語に訳しなさい。

1.「紹興」といえば、故文豪魯迅先生の出生地としても有名で、銘柄としては「加飯」「花彫」「女児紅」などが有名です。

2.「酒席を設ける」といわれるように、客の接待などで興を添えるものとして使われるようになりました。

3. せっかく寧波までおいでになったのですから、日本ではみられない珍しいお酒を一度試してみられるのも楽しいと思います。

4.「空きっ腹にまずい物無し」と言いますから、お腹が空いていらっしゃれば何でもおいしく召し上がれます。

5.「蓼食う虫も好き好き」と申しますから、お口に合わなくても、旅先のお土産話として、持ち帰ってください。

（三）**会話の練習。**

1. あなたの故郷には有名なお酒がありますか。あったら、紹介してください。

2. あなたの故郷では、お酒を飲むとき、どんな習わしがありますか。

答え

第 *4* 課

茶文化

　中国では、お茶のルーツは約3千年前、周の時代に薬草_{やくそう}として用_{もち}いられたのが始まりだそうです。昔から「ドアを開けて七つのものが必要である」という言い方があり、薪_{たきぎ}、米、油、塩、醤油_{しょうゆ}、酢_すと並んで、お茶は日常生活になくてはならないものとなっています。また、中国人は、お茶でお客さんをもてなす習慣があります。お客さんが来れば、お茶を注_{そそ}ぎ、飲みながら話をするのは中国でよく見かけることです。

　中国のお茶はその加工法_{かこうほう}によって、いくつかの種類に分けられ、主に6種類があると言われています。それは青茶_{あおちゃ}、緑茶_{りょくちゃ}、紅茶_{こうちゃ}、白茶_{しろちゃ}、黒茶_{くろちゃ}、黄茶_{きちゃ}です。それぞれ独特な香りと味わいを持っています。「青茶」は半発酵茶_{はんはっこうちゃ}で、品種や乾燥時の火の入れ具合にも左右されてさまざまな風味が生み出され、味にもいろいろなバリエーションがあります。その代表的なものは日本でもなじみ深い烏龍茶_{うろんちゃ}です。中国で名高いのは「安渓鉄観音」と「黄金桂」です。いずれも福建省_{ふっけん}で生産されたものです。中国の「緑茶」は無発_{むはつ}酵茶_{こう}で、日本の緑茶と違って、蒸さずに新鮮な茶葉_{ちゃば}を取って窯_{かま}で炒めたあと、そのまま

飲めます。色も緑が保たれ、青臭さもなく、お茶の渋みがあります。西湖の龍井茶、黄山の毛峰茶、江西の碧螺春、廬山の雲霧茶などがその代表です。「紅茶」は発酵茶で、有名なのは小種紅茶、工夫紅茶、祈門紅茶などが挙げられます。「白茶」は中国の福建省で作られたお茶で、若葉を日干しして乾燥させ、微発酵させたのち窯炒りします。色が淡い銀色をしているところから、「白茶」という名がつきました。ほんのりと甘味が残る繊細な味わいに特徴があります。「白毫銀針」「白牡丹」「寿眉」はよく知られている白茶です。「黒茶」も発酵茶の一種で、緑茶にコウジカビをつけ繁殖させて5年～20年ねかせて作ったものです。ほかの5種類とはまったく異なる味と香りがあります。代表格はプーアル茶です。それは古ければ古いほど珍重されます。「黄茶」は軽く発酵させ、味は緑茶に近く、白茶と同じく茶葉も美しいお茶です。

　寧波にも有名なお茶があります。望海茶、印雪白茶、奉化曲毫、三山玉叶、瀑布仙茗、望府茶、四明竜尖、天池翠は寧波の八大名茶と呼ばれています。そのうち、望海茶は最も有名で、浙江省の十大名茶にも入っています。

　寧波も中国全土と同じ、水道水を直接飲むことはできません。ただし、一般的に料理やお茶などには水道水を使用するケースがほとんどです。煮沸済みなら特に問題はありませんが、味やにおいが気になる方は、それなりのお店を選ぶのが無難です。

（登場人物：観光客の高橋さん、佐藤さん、田中さん、ガイドの李さん、店員）

田中：李さん、今日、「庶民が生活するのに7つの必需品がある。それは薪・米・油・塩・醤油・酢・茶の7つである。」って一文を本で見たんです。でも、お茶って飲み物の一種にすぎないのに、どうして庶民の生活の中でそんなに重要な位置を占めているのかなあ…

李：はは、田中さん、まだまだ素人ですね。お茶は中国では一種の飲み物というだけではなくて、礼節でもあり、文化の一つでもあります。中国人の生活の中で、すでに絶対に欠かせないものとなっていますよ。庶民の生活の中でとても重要なものというだけではなくて、中国の文化の面でもお茶は欠かせないものなのです。（「文人七件宝」の）「琴、棋、書、畫（画）、詩、酒、茶」っていうでしょう。中国の伝統文化を語るには、絶対に茶文化を外すことはできませんよ。

田中：中国でお茶はただの飲み物ではなくて、一種の文化だったんですか。

李：そうですよ、中国はお茶の故郷です。中国でお茶が発見されて、飲まれるようになってから、もう4～5千年の歴史があります。中国の茶芸、茶道は世界中に知られています。「沏茶（お茶を淹れる）」、「敬茶（お茶をふるまう）」というのはお客様をもてなす礼儀で、「坐茶馆（茶館でお茶を飲む）」「茶話会（茶話会）」は交流活動の一種です。ですから、「小茶杯里有大門道（小さな茶杯に大きな学問が詰まっている）」。「お茶を淹れる」ということについて言うと、お茶葉や茶道具、果てはお茶を淹れる水にまでこだわりがあります。飲み方だってわたしたちが普段飲み物を飲むようなのとは違います。お茶を味わって、雰囲気を楽しむものなのです。

佐藤：お茶一杯にそんなこだわりがあったのですか。じゃあちょっと、中国茶の有名な種類を教えてもらえますか。

李：はい、中国茶の茶葉は主に、緑茶、紅茶、青茶、白茶、黄茶、黒茶の6種類に分かれます。これらは作り方や品質、そして味もそれぞれ特徴があります。有名な西湖龍井茶は緑茶に、鉄観音は青茶に、雲南のプーアル（普洱）茶は黒茶に属しています。西湖龍

井、黄山毛峰、洞庭碧螺春、安渓鉄観音は中国で最も有名な茶葉で、中国の「四大銘茶」と呼ばれています。中国では親戚友人を訪ねるとき、お茶を持って行くのもいい選択なのです。

高橋：お茶は中国でそんなに好まれているんですか。道理で街のあちこちにあんなにたくさんの茶館があるはずですね。ねえ、ちょっと提案があるんですけど。暇があれば、一緒に茶館にお茶しに行きませんか。みんなでお茶とその趣を味わいましょう。

李：いいですよ、そのときはお茶に関する知識をもっとたくさん知ることができます。

➤ 清源茶館で

李：ここは寧波で有名な茶屋「清源茶館」です。どうぞ、お入りください。

高橋：いいにおいがしますね。お茶の。

店員：いらっしゃいませ、どんなお茶をお飲みになりますか。

田中：わあ、驚いた。日本語がぺらぺらなんですね。

店員：寧波には日系企業も多いですし、日本人の観光客も大勢いらっしゃいますから、日本語ができると便利です。

田中：なるほど。お茶を紹介してくれませんか。

店員：かしこまりました。少々お待ちください。

店員：今日お勧めしますのは寧波特産の望海茶です。これは寧海の山奥で採った茶葉で作ったお茶です。お試しください。清明の後にすぐ採ったお茶です。独特な香りがします。

高橋：いただきます。確かに爽やかです。おいくらですか。

店員：一壺、100元です。

田中：本当においしいです。結構値段もやすいです。これをください。

店員：かしこまりました。こちらは15年物の福建省の鉄観音です。値段がちょっと

高いです。

　佐藤：僕は鉄観音を飲みたいです。よろしいですか。

　店員：どうぞ。

　佐藤：おいしいです。これはおいくらですか。

　店員：一壺200元です。

　高橋：じゃ、さっき飲んだ望海茶と鉄観音をそれぞれ一壺<ruby>一壺<rt>いちつぼ</rt></ruby>お願いします。

　店員：かしこまりました。

　李：あそこのおやつは無料で食べられますよ。

　田中：そうですか。今日はお腹一杯食べ、お茶を存分に飲みましょう。

　高橋：さすが食いしんぼうの田中さんですよね。

★ 一、単語

ルーツ(roots)：根源，起源；发祥地

薬草(やくそう)：药草

用いる(もちいる)：使用，采纳，采用

薪(たきぎ)：柴，薪

もてなす：招待，请客，接待

注ぐ(そそぐ)：注入，灌入；浇，洒

加工法(かこうほう)：加工方法

独特(どくとく)：独特，特有

左右(さゆう)：支配，操纵，驱使

風味(ふうみ)：味道，风味，风韵

バリエーション(variation)：变化，变动

窯(かま)：炉，窑

日干し(ひぼし)：晒干

ほんのり:微微,稍微,隐约

甘味(あまみ):甜的程度;有甜味的食品

繊細(せんさい):纤细,敏感,细腻

コウジカビ:曲霉菌

繁殖(はんしょく):繁殖

ねかせる:使发酵

異なる(ことなる):不同,不一样

珍重(ちんちょう):珍惜,珍视

ケース(case):场合,事例,事件

無難(ぶなん):平安无事,安全

庶民(しょみん):普通人,老百姓

素人(しろうと):外行

礼節(れいせつ):礼节,礼仪

茶芸(ちゃげい):茶艺

淹れる(いれる):泡,冲,加入热水制作饮料

こだわり:讲究

ふるまう:行动,招待,请客

茶杯(ちゃはい):茶杯

果て(はて):最后,结局,结果

道理で(どおりで):怪不得

趣(おもむき):情趣,风趣

清い(きよい):清澈的,清晰的,清澄的

爽やか(さわやか):清爽的,清口的

存分(ぞんぶん):尽情

食いしんぼう(くいしんぼう):嘴馋的人

二、文型表現

1. 中国では、お茶のルーツは約 3 千年前、周の時代に薬草として用いられたのが始まりだそうです。

   在中国,茶的起源据说是大约三千年前的周朝将之作为药草使用。

2. お茶は日常生活になくてはならないものとなっています。

   茶已经成为日常生活中不可或缺的东西。

3. 中国のお茶はその加工法によって、いくつかの種類に分けられ、主に 6 種類があると言われています。

   中国的茶根据加工方式,主要可以分成六种。

4. 色が淡い銀色をしているところから、「白茶」という名がつきました。

   因为呈现淡淡的银色,所以取名"白茶"。

5. それは古ければ古いほど珍重されます。

   这种茶年岁越久越珍贵。

6. 味やにおいが気になる方は、それなりのお店を選ぶのが無難です。

   如果对味道和气味介意的话,可以选择合适的商店。

7. 中国の茶芸、茶道は世界中に知られています。

   中国的茶艺、茶道世界闻名。

8. 飲み方だってわたしたちが普段飲み物を飲むようなのとは違います。

   就连喝的方式和我们平时喝饮料也不一样。

9. 道理で街のあちこちにあんなにたくさんの茶館があるはずですね。

   怪不得街上到处都有茶馆。

10. さすがに食いしんぼうの田中さんですよね。

    不愧是"吃货"田中。

☆ 三、練習問題

（一）本文の内容に基づいて質問に答えなさい。

1.「ドアを開けて七つのものが必要である」とはどんな意味ですか。

2. 中国のお茶は主に何種類ありますか。それぞれ何ですか。

3. 中国の四大銘茶は何ですか。

4. お茶は中国人の日常生活でどんな位置を占めていますか。

5. 寧波の八大名茶を言ってみてください。

（二）次の文を中国語に訳しなさい。

1.「青茶」は半発酵茶で、品種や乾燥時の火の入れ具合にも左右されてさまざまな風味が生み出され、味にもいろいろなバリエーションがあります。

2. ほんのりと甘味が残る繊細な味わいに特徴があります。

3.「お茶を淹れる」ということについて言うと、お茶葉や茶道具、果てはお茶を淹れる水にまでこだわりがあります。

4. これらは作り方や品質、そして味もそれぞれ特徴があります。

5. 寧波には日系企業も多いですし、日本人の観光客も大勢いらっしゃいますから、日本語ができると便利です。

（三）会話の練習。

1. 中国と日本と、お茶を飲むとき、どんな違いがありますか。

2. 中国の四大銘茶を一つ選んで紹介してください。

3. ミルク茶やコーヒーなどが好きな若者が多いです。それについてどう思いますか。

答え

第 5 課

街角の味

　寧波に高級料理があれば大衆料理もあります。安くて栄養のある庶民の味である軽食屋がいたるところにあります。もっと手軽に、道端の屋台のものをほおばってみるのも楽しみの一つでしょう。とにかく、寧波の食べ物を知るには、街角に出かけて、いろいろな料理を試すのがお勧めです。

　夜になると、ちょっと賑わった通りにいろいろな屋台が出ます。ここで中国各地から集めた「小吃」（軽食）類が食べられます。また、春節の「廟会」（縁日）で食べ歩くのをお勧めします。寧波では、旧暦の12月23日ごろから、元日を挟んで1月20日ごろまで、あちこちで盛んな「廟会」が開かれます。年に一度の最大のお祭りに、ありとあらゆる「小吃」の店が出そろい、舌を堪能させてくれます。ものすごい雑踏の中で、さらに多くの人だかりがあれば、それは安くてうまいと定評のある店に間違いありません。

　包子は肉や甘いアンの入った蒸し饅頭で、小籠包子は蒸篭<ruby>蒸篭<rt>せいろ</rt></ruby>ごと出てくる小さな「包子」、水煎包は焼き餃子風に焼いた「包子」です。

　牛肉麺は牛肉入りの「拉麺」(ソーメンのように引き伸ばして作ったうどん)です。豆腐脳は柔らかい豆腐に醤油と海苔<ruby>海苔<rt>のり</rt></ruby>などの入ったとろりとしたアンをかけたものです。

　湯圓は胡麻<ruby>胡麻<rt>ごま</rt></ruby>やクルミのアンを包んだ白玉団子<ruby>白玉団子<rt>しらたまだんご</rt></ruby>のスープです。北地方は「元宵」と言い、南地方は「湯圓」と言います。

　千層餅(チェンツェンピン)は餅と言っても中国ではサクサクしたお菓子のことを

指します。寧波渓口の千層餅は「天下第一餅」と言われていますが、元々は地元で取れるお米から作られたものです。主な材料は小麦粉、芋粉、砂糖、塩、植物油、ごま、海苔などです。

　油簪子は寧波で絶大な人気を誇る伝統菓子で、特に海苔味の塩っぽさがクセになる美味しさがあります。寧波の天然菜種油でさらっと揚げているので、脂っこくなくて美味しいです。

　（登場人物：観光客の高橋さん、佐藤さん、田中さん、ガイドの李さん）

　李：これより皆様を寧波の城皇廟にご案内いたします。城皇廟は寧波郡廟とも呼ばれ、寧波市内の中心にある天封塔の近くに位置しています。廟は1371年に明太祖朱元璋の詔により、風雨調順、国家安全のために建立されました。

　高橋：城皇廟にはどんなものがあるか、楽しみですね。

　李：城皇廟は寧波市の重要文化財と認定され、明の時代から今までずっと寧波市最大のショッピングセンターになっています。あそこには大きなグルメ広場があります。今日は寧波の「小吃」を召し上がっていただきます。

　田中：今日は「小吃」ですか。前から中国の「小吃」は安くておいしいと聞いていましたが、今日は本場の「小吃」を十分いただきたいです。

　李：ここのグルメ広場は面積が2万平米あり、有名なレストランが多く、お餅、牛肉ビーフン、お茶煮え卵、餃子、ワンタン、肉まんなど多く売られていて、地元の人はもちろん、外国からのお客様にも評判が高いです。

　高橋：そうですか。じゃ、楽しみにしています。

　李：着きました。みなさん、ご覧ください。このドアの上に「城皇廟」という看板がかかっているでしょう。今の廟殿は1884年に建て直されたもので、明と清の時代の建築の粋を集めています。

　佐藤：おう、雄大ですなあ。

田中：李さん、あの建物は何ですか。

李：あれは芝居の舞台です。昔、お祭りのとき、必ず芝居を催し、正月には10日間にわたって、芝居を開催させたのです。観劇はほとんど丸一日かかり、食事もこの中でとったそうです。

田中：そうですか。今も見られますか。

李：今は一般庶民に開放され、特別観覧施設となり、昔から置いてあった品々が展示されています。じゃ、上に上ってごらんください。

李：さあ、みなさん、グルメ広場につきました。

田中：すごい人ですね。

李：何を売っているのか、背伸びして覗いてみましょう。

田中：これは何ですか。

李：これは「蓮子八宝粥」です。蓮の実のほか7種類の殻類や木の実を混ぜて作ったお粥です。夏に飲むと、体を冷やしてくれ、涼しくなります。

田中：あの細長いものは何ですか。

李：あれは「油条」といいます。小麦で作られた揚げパンです。

佐藤：李さん、寧波の湯圓は有名だそうです。どこで売っていますか。

李：あそこの「缶鴨狗」で売っています。寧波の湯圓は一番の名物料理です。缶鴨狗は百年の名店で、そこの湯圓、五目お粥などは最高の名物料理です。寧波湯圓は胡麻と豚の油のアンを包んだ白玉団子のようなもので、柔らかくておいしいです。口に入るとすぐ溶けます。さらに炸湯圓（ザタンユエン）は寧波名物の湯圓をサクサクに揚げたものです。

田中：ほんとうにそうですね。おいしいです。この丸くて黄色のものはお餅ですか。

李：これは「竜鳳金団」と呼ばれます。中に小豆のアンが包まれています。寧波の地元の人は結婚式や子供が生まれたとき、よくこれを祝い物として親戚や友達に贈りま

す。それでは、わたしはそこのテーブルの方におりますから、何かありましたら、ご遠慮なくお申し付けください。なお、出発の時間は2時です。どうぞ、ごゆっくりお召し上がりください。

客一同：はい、わかりました。

★ 一、単語

高級（こうきゅう）：高级

大衆（たいしゅう）：大众

街角（まちかど）：街角

軽食屋（けいしょくや）：小吃店

手軽（てがる）：简单

道端（みちばた）：路边

ほおばる：狼吞虎咽

試す（ためす）：尝试

縁日（えんにち）：有庙会的日子

挟む（はさむ）：隔,夹

ありとあちゆる：所有的

雑踏（ざっとう）：拥挤

人だかり（ひとだかり）：人山人海

定評（ていひょう）：建立声誉

蒸篭（せいろ）：蒸笼

とろり：黏稠

アンかけ：浇汁

クルミ：核桃

サクサク：松脆

塩っぽい(しおっぽい):咸的

菜種油(なたねあぶら):菜籽油

脂っこい(あぶらっこい):油腻的

詔(みことのり):法令

風雨調順(ふううちょうじゅん):风调雨顺

粋(すい):精华

雄大(ゆうだい):雄伟

芝居(しばい):戏剧

催す(もよおす):举办

背伸び(せのび):伸展

覗く(のぞく):偷看

アン:馅儿

 二、文型表現

1. 寧波に高級料理があれば大衆料理もあります。

   宁波既有高级菜,也有大众菜。

2. とにかく、寧波の食べ物を知るには、街角に出かけて、いろいろな料理を試すのが
   お勧めです。

   总之,要了解宁波的饮食,建议走上街头去尝试各种各样的美食。

3. ありとあらゆる「小吃」の店が出そろいます。

   所有的小吃摊都摆出来。

4. それは安くてうまいと定評のある店に間違いありません。

   那家一定是既便宜又好吃的店。

5. 小籠包子は蒸篭ごと出てくる小さな「包子」です。

   小笼包是蒸笼蒸出来的小包子。

6. 寧波渓口の千層餅は「天下第一餅」と言われています。

    宁波溪口的千层饼被称作"天下第一饼"。

7. 廟は1371年に明太祖朱元璋の詔により、風雨調順、国家安全のために建立されました。

    城隍庙是公元1371年明太祖朱元璋为祈求风调雨顺、国家安全而下诏建造的。

8. 今日は寧波の「小吃」を召し上がっていただきます。

    今天请大家品尝宁波的小吃。

9. 正月には10日間にわたって、芝居を開催させたのです。

    春节长达10天时间,在这里表演戏剧。

10. 観劇はほとんど丸一日かかり、食事もこの中でとったそうです。

    观看演出要几乎一整天,所以就餐也在里面。

★ 三、練習問題

（一）本文の内容に基づいて質問に答えなさい。

1. 寧波の食べ物の好みを知るには、どんな方法がありますか。

2. 寧波の「廟会」はいつ開かれますか。どんなものが食べられますか。

3. 城皇廟は何のために建てられましたか。今はどんなところですか。

4. 寧波湯圓はどんなものですか。

5. 寧波の有名な「小吃」を三つ言ってください。

（二）次の文を中国語に訳しなさい。

1. もっと手軽に、道端の屋台のものをほおばってみるのも楽しみの一つでしょう。

2. 千層餅（チェンツェンピン）は餅と言っても中国ではサクサクしたお菓子のことを指します。

3. 油簪子は寧波で絶大な人気を誇る伝統菓子で、特に海苔味の塩っぽさがクセにな

る美味しさがあります。

4. 今の廟殿は1884年に建て直されたもので、明と清の時代の建築の粋を集めている。

5. 今は一般庶民に開放され、特別観覧施設となり、昔から置いてあった品々が展示されています。

（三）会話の練習。

1. あなたの故郷の「小吃」を一つ紹介してください。

2. 好きな軽食の作り方を説明してください。

3. デリバリフートについてどう思いますか。あなたはよく利用しますか。

答え

第五単元　観光スポット篇

第 *1* 課

天一閣

　天一閣はアジアで最も古い民間図書館として知られています。寧波の重要文化財です。寧波の観光地の中でも必ず訪れたい場所のひとつです。寧波市中心部の月湖の西にあり、1566年（明）範欽により作られた私家蔵書楼です。特に明の時代の地方志の収集で名高いです。地方史6730冊を始め、30数万巻の古書籍を収蔵しています。

　天一閣は範氏故居、蔵書区、園林区、陳列区などに分かれています。火事を防ぐために、敷地は池や築山で区切られています。この合理的な建築様式は書庫づくりの模範になったといわれています。清の時代に完成した『四庫全書』、その正本を収める文淵閣という書庫は天一閣をまねて作られたそうです。

　歴史を感じる建物に広大な庭園もあり、古き良き古都の雰囲気を残しています。蘇州の庭園と似ていて、その上人が少なくて、30元だけの入場券で気軽に見学できます。観光客のほかに、月湖と隣接しているため、散歩がてら見に行く市民もいます。

　現在は、寧波博物館と合併しているため様々な寧波の歴史を学ぶ事が出来ます。また敷地内に「麻雀博物館（まーじゃんはくぶつかん）」もできました。麻雀の起源（きげん）など歴史を知ることもできます。散策するだけでも情緒あふれる雰囲気を味わえる天一閣はぜひ観光に訪れてほしい場所です。

（登場人物：観光客の高橋さん、ガイドの李さん）

李：これから、天一閣へ行きます。

高橋：例のアジアで一番古い民間図書館のことですね。

李：ええ、よく御存じですね。

高橋：庭園がとても綺麗だと聞きました。楽しみです。

李：はい、天一閣の到着となります。早速中へ入りましょう。

高橋：あのう、チケットを買わなくてもいいのですか。あそこに入場券の売り場があるらしいですよ。

李：大丈夫です。現場で買うと混むかなと思って、事前にネットで買っておきました。こうやって、スマホのチケットのQRコード（＝キューアール）をスキャンするだけで、入場できます。

高橋：ええ、すごい、便利な時代になりましたね。

李：天一閣は1561年（明）範欽（はんきん）により建てられました。『易経（えききょう）』で「天一生水（てんいっしょうみず）」という

言い方があり、蔵書（ぞうしょ）には火事が一番恐ろしくて、水と火は相容（あいい）れないものですから、「天一閣」と名付けたそうです。

高橋：なるほど。天一広場とか、天一って寧波でよく見かける言葉ですか。

李：そういえばそうかもしれませんね。なかなか親しみのあるフレーズですね。あそこに池がありますね。あの池の東は月湖に接し、いざという時には使えるように、名前だけではなく建築法でもいろいろと配慮されています。

高橋：それはちょっと感心しますね。道理で長い年月を経ても、今だにこんな立派な蔵書楼でいられるんですね。

李：はい、合理的な建築づくりは書庫の模範になったといわれています。清の時代からの書庫はほとんど天一閣をまねて作られたそうです。

高橋：そんんですか。天一閣の中は緑も多く、静かで、くつろげますね。

李：はい。明、清の時代から、天一閣はだんだん増築（ぞうちく）されてきたものです。蔵書楼の前に築山（つきやま）や、あずまやを建てて、江南の庭園になったわけです。現在の天一閣は百書楼（ひゃくしょろう）、尊経閣（そんきょうかく）、明州碑林（めいしゅうひりん）、晋斎（しんさい）、東園（ひがしぞの）、蓮（はす）の花島（はなしま）、秦氏祠（はたしこら）、書画館（しょがかん）、南園（みなみぞの）などにより成り立っています。

高橋：広々としてますね。蘇州の庭園と似ていて、その上人が少なくて、いいですね。

李：はい。1994年に、天一閣は寧波博物館と合併して、「寧波天一閣博物館」になり、様々な寧波の歴史を学ぶことができます。

高橋：それはいいですね。

李：麻雀の博物館もあります。世界の古い麻雀牌（ぱい）が展示（てんじ）されています。これはこれで面白いですよ。

高橋：はは、テンパイ、ロンってやつですか。

李：高橋さんは麻雀なさるんですか。

高橋:いいえ、うちのばあちゃんが麻雀好きで、お友達と一緒に、よく一日中麻雀を
して、時間を潰しています。

李:それはいいですね。麻雀って認知症の予防に大変役立つといわれています
から。

高橋:うん、そうでしょうね。うちのばあちゃんは記憶力もしっかりして、頭の回転
も速いです。

李:そうそう、あそこに麻雀をしている大きな銅像がおいてあります。行って写真
でも撮りませんか。

高橋:本当だ、大人と同じサイズですね。面白い、写真を撮ろう。お願いします。

李:はい。いいですよ。

高橋:ありがとう。ばあちゃんが喜ぶわ。

 **一、単語**

天一閣(てんいちかく/てんいっかく):天一阁(专有名词,宁波著名景点)

民間(みんかん):民间

文化財(ぶんかざい):文物,文化遗产,文化财富

訪れる(おとずれる):访问,拜访

私家(しか):私人,私家

蔵書楼(ぞうしょろう):藏书楼

収集(しゅうしゅう):收集,收藏

名高い(なだかい):有名的,著名的,广为人知的

収蔵(しゅうぞう):收藏

築山(つきやま):假山

あずまや:凉亭

区切る(くぎる):隔开,划分

模範(もはん):模范

古き良き(ふるきよき):古老而美好的

残す(のこす):残留

入場券(にゅうじょうけん):门票,入场券

気軽(きがる):轻松愉快,舒畅,随随便便

隣接(りんせつ):相邻

広々(ひろびろ):宽敞,广阔

合併(がっぺい):合并

麻雀(まーじゃん):麻将

散策(さんさく):散步,随便走走

敷地(しきち):地基,用地,地皮

情緒(じょうしょ):情趣,风趣,情绪

スマホ(smart phone):智能手机

QRコード(quick response code):二维码

スキャン(scan):扫描,搜索,仔细检查

タッチ(touch):碰,触

フレーズ(phrase):短语

いざという時(いざというとき):紧急的时候;发生问题的时候

くつろぐ:休息,放松

年月(ねんげつ):岁月,年岁

増築(ぞうちく):扩建,增建

成り立つ(なりたつ):构成,组成;成立;划得来

テンパイ:听牌(麻将用语)

ロン:和了(麻将用语)

潰す(つぶす):弄碎;打发时间

認知症(にんちしょう):认知障碍

記憶力(きおくりょく):记忆力

回転(かいてん):旋转,转动

銅像(どうぞう):铜质塑像

 二、文型表現

1. 寧波の観光地の中でも必ず訪れたい場所のひとつです。

   宁波的旅游景点中肯定要去的地方之一。

2. 地方史6730冊を始め、30数万巻の古書籍を収蔵しています。

   收藏了以地方史6730册为代表的30多万卷古籍。

3. 蘇州の庭園と似ていて、その上人が少なくて、30元だけの入場券で気軽に見学できます。

   和苏州的庭院很像,再加上人少,只需30元的入场券就可以随意参观。

4. 観光客のほかに、月湖と隣接しているため、散歩がてら見に行く市民もいます。

   除了游客以外,还有因为和月湖邻近,趁着散步顺便来参观的市民。

5. 散策するだけでも情緒あふれる雰囲気を味わえる天一閣はぜひ観光に訪れてほしい場所です。

   即便光是来散步,也请一定来参观充满风情的的天一阁。

6. 現場で買うと混むかなと思って、事前にネットで買っておきました。

   想着在现场买的话有可能很拥挤,所以事先在网上买了。

7. 道理で長い年月を経ても、今だにこんな立派な蔵書楼でいられるんですね。

   因此,即便是经历了很长的岁月,(天一阁)到现在还是这么了不起的藏书楼呢。

8. 蔵書楼の前に築山や、あずまやを建てて、江南の園林になったわけです。

   在藏书楼前建造了假山、亭榭,成了江南的园林。

⭐ 三、練習問題

（一）本文の内容に基づいて質問に答えなさい。

1. アジア最も古い民間図書館はどこですか。

2. 天一閣はいつ、だれにより建てられましたか。

3. どうして「天一閣」と名付けましたか。

4. 火事を防ぐために、どんなところに配慮しましたか。

5. 天一閣の何が書庫の模範ですか。

6. いつに、天一閣は寧波博物館と合併して、「寧波天一閣博物館」になりましたか。

7. 麻雀は何にいいですか。

8. 天一閣の入場料はいくらですか。切符の買い方はいくつありますか。

（二）次の文を中国語に訳しなさい。

1. 合理的な建築づくりは書庫の模範になったといわれています。

2. 特に明代の地方志の収集で名高いです。

3. 歴史を感じる建物に広大な庭園もあり、古き良き古都の雰囲気を残しています。

4. 天一閣の中は緑も多く、静かで、くつろげますね。

5. あの池の東は月湖に接し、いざという時には使えるように、名前だけではなく建築の作りとかでもいろいろと配慮しました。

6. 明、清の時代から、天一閣はだんだん増築してきたものです。

7. 麻雀って認知症の予防に大変役立つといわれていますから。

8. うちのばあちゃんは記憶力もしっかりして、頭の回転も速いです。

（三）会話の練習。

1. 天一閣へ行ったことがありますか。その見どころとは何ですか。

2. あなたの故郷には文化的な観光スポットがありますか。一つ紹介してみてください。

答え

第 2 課

阿育王寺

　日本と関係の深い寺院といったら、天童寺を除いて、阿育王寺が挙げられます。阿育王寺は、寧波の太白山の麓にあります。282 年 (晋) に建立されました。名前はインドの「アショーカ王」から来ており、中国国内でただ一つインドの「アショーカ王」の名前が残っている古寺です。

　鑑真和尚が寧波から日本に向かう際、この阿育王寺から出発されたそうです。また日本の東大寺を再建した重源もこの寺院で修行しました。一番有名なのは「釈迦牟尼眞身の舎利」が納められている舎利殿です。舎利というのは、普通、仏教の開祖釈迦の遺骨のことです。仏舎利は光を放ち、火に入れても燃えず、槌で叩いても砕けないという特徴を有するものとされてきました。

　阿育王寺は古来より舎利信仰の場として有名です。日本において本格的な阿育王舎利信仰の契機となったのが、渡日した鑑真和尚です。そのため、多くの日本人が舎利や禅の修行に阿育王寺を訪ねてきました。

（登場人物：観光客の高橋さん、ガイドの李さん）

　李：これから仏舎利で有名なお寺——阿育王寺へ行きます、日本人の観光客にも人気がありますよ。

　高橋：聞いたことがありますけど、いまいちよくわからないんですが、「アショーカ王」って何のことですか。

　李：はい。インドを統一した王様の名前です。大昔のインドで仏教を守ってきた大王として知られていました。それで彼の名前をもとに、「阿育王寺」と名付けました。

　高橋：あれ、そういうことですか。すごく力があるって感じがしますね。

　李：はい。全国で「阿育王」と名乗る古寺はここしかありません。名前だけではありません。一番有名なのは、何といっても、仏舎利です。

　高橋：確かに、お釈迦様の遺骨のことですよね。

　李：さすが物知りの高橋さん。よく御存じですね。

高橋：いえいえ、そんなことないです。詳しく教えてください。

李：おっしゃる通りです。仏舎利は、仏教の開祖釈迦の遺骨のことです。光を放ち、火に入れても燃えず、槌で叩いても砕けないという特徴があります。そのため仏舎利が金剛石(ダイヤモンド)で代用されたことがあったらしいです。

高橋：ダイヤモンドですか。それは面白いです。

李：あくまで一説です。仏教の信者たちは、絶対認めないですので。

高橋：それはそうでしょう。まだ何か面白い話がありますか。

李：ええと、1131年、南宋の時代、モンゴルの将軍が率いる金軍が明州(寧波)に侵攻してきました。彼も仏舎利の話を聞き、阿育王寺に入山して舎利を奪おうとしましたが、僧が隠したため、怒って寺に火を放とうとしました。

高橋：それで、どうなったんですか。

李：するとたちまち壁の間から瑞像が光を放ち、輪蔵から水が出てきて、動かしていないのにもかかわらず勝手に転がり始めました。将軍は度肝を抜かれ、再拝して逃げました。それによって、阿育王寺の名が一層有名になったわけです。

高橋：よかったですね。ハッピーエンドの物語は大好きです。

李：ああ、午後からお参りできるように、事前に申し込みました。後10分です。仏殿へ急がなくちゃ。

高橋：ぜひ参加したいです、急ぎましょう。

➤ お参りした後

李：いかがでしたか。

高橋：お拝用の台を使用した三拝を、はじめて経験しましたが、なんとなくぎこちなくなってしまいました。

李：「郷に入っては郷に従え」ですね。あのお拝用の台、少し傾斜があり、クッションの入ったものが、床一面に並べられていますね。

高橋:その数にびっくりしました。あんなにたくさんあるなんて。

李:ほかに何かありますか。

高橋:仏像には、目にも鮮やかな花が活けられていますね。よく見てみると、すべて造花ですね。それもちょっとびっくりしました。

李:そうですか。でもお経は節をつけて唱えられ、なんとも心地よく、心が洗われる感じですね。

高橋:そう、そうです。すっかり清められた感じです。

李:それでは、お昼は肉や魚を抜きにして、精進料理の食事をしませんか。お値段がとてもリーズナブルで、味もそこそこ美味しいって評判ですよ。

高橋:うれしいです。楽しみ。

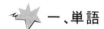 一、単語

寺院(じいん):寺院

麓(ふもと):山脚

晋(しん):晋朝

建立(こんりゅう):修建,搭建(寺院、堂塔)

アショーカ王(あしょうかおう):阿修罗王(专有名词,日本和尚名)

鑑真(がんじん):鉴真(专有名词,中国唐代高僧)

和尚(おしょう):和尚

東大寺(とうだいじ):东大寺(专有名词,日本寺院名)

重源(ちょうげん):重源(专有名词,日本和尚名)

修行(しゅぎょう):修行,磨练

釈迦牟尼(しゃかむに):释迦牟尼(专有名词,佛教创始人)

真身(しんじん):真身

舎利(ぶっしゃり):舍利

納める(おさめる):收存,收藏

開祖(かいそ):开山祖师

遺骨(いこつ):遗骨

槌(つち):锤子

放つ(はなつ):放射,释放

砕ける(くだける):粉碎,打碎

古来(こらい):自古以来

信仰(しんこう):信仰

契機(けいき):契机

渡日(とにち):东渡赴日

いまいち:差一点儿

名乗る(なのる):自称;自报家门

物知り(ものしり):知识渊博

奪う(うばう):抢夺,抢

たちまち:转眼间,突然

度肝を抜かれる(どぎもをぬかれる):被吓坏了

一層(いっそう):更加

ハッピーエンド(happy end):快乐大结局

参列(さんれつ):出席,列席,观礼

仏殿(ぶつでん):佛殿,佛堂

拝用(はいよう):参拝

ぎこちない:不拘小节

クッション(cushion):坐垫

鮮やか(あざやか):鲜艳的,明亮的

活ける(いける):栽,插花

造花(ぞうか):假花,人造花

節をつける(ふしをつける):抑扬顿挫;谱曲

唱える(となえる):念,诵,唱

心地よい(ここちよい):愉快,畅快

清める(きよめる):洗清

ピュア(pure):纯洁

精進料理(しょうじんりょうり):斋菜,素菜(不使用肉、鱼等材料)

リーズナブル(reasonable):合理的(日语中多用于形容价格便宜)

そこそこ:还算过得去,姑且可以满足

 二、文型表現

1. 日本と関係の深い寺院といったら、天童寺を除いて、阿育王寺が挙げられます。

   说起和日本关系密切的寺院,除了天童寺,就数阿育王寺了。

2. 鑑真和尚が寧波から日本に向かう際、この阿育王寺から出発されたそうです。

   据说鉴真和尚东渡去日本的时候,就是从阿育王寺出发的。

3. 舎利というのは、普通、仏教の開祖釈迦の遺骨のことです。

   所谓的舍利,一般指的是佛教的创始人释迦牟尼的遗骨。

4. 日本において本格的な阿育王舎利信仰の契機となったのが、渡日した鑑真和尚
   です。

   在日本,真正开始舍利信仰的契机是源自东渡日本的鉴真和尚。

5. 全国で「阿育王」と名乗る古寺はここしかありません。

   全国只有这里有一座名为"阿育王"的古寺。

6. 一番有名なのは、何といっても、仏舎利です。

   最有名的不管怎么说,都是佛舍利。

7. さすが物知りの高橋さん。

真不愧是知识渊博的高桥先生呀。

8. そのため仏舎利が金剛石（ダイヤモンド）にて代用されたことがあったらしいです。

因此佛舍利好像有用金刚石（钻石）代用过。

9. 動かしていないのにもかかわらず勝手に転がり始めました。

（物品）明明没人去碰它，却自己随意动了起来。

10. それでは、お昼は肉や魚を抜きにして、精進料理の食事をしませんか。

接下来，中饭去掉大鱼大肉啥的，我们吃点斋菜吧。

三、練習問題

（一）本文の内容に基づいて質問に答えなさい。

1. 日本と関係の深い寺院なら、寧波では何が挙げられますか。

2.「阿育王寺」は、どこにありますか。

3. 仏舎利というのは何のことですか。

4. 仏舎利の特徴はなんですか、何に似ていますか。

5. どなた様のお陰で、日本において本格的な阿育王舎利信仰になりましたか。

（二）次の文を中国語に訳しなさい。

1. 仏舎利は光を放ち、火に入れても燃えず、槌で叩いても砕けないという特徴を有するものとされてきました。

2. 仏教の信者たちなら、絶対認めないですので。

3. あのお拝用の台、少し傾斜があり、クッションの入ったやつ、床一面に並べられていますね。

4. でもお経は節をつけて唱えられ、なんとも心地よく、心が洗われる感じですね。

5. お値段がとてもリーズナブルで、味もそこそこ美味しいって評判ですよ。

（三）会話の練習。

1. 日本人のお客さんを阿育王寺に案内する時の会話を作ってください。

2. あなたの知っている寺院や仏教に関する面白い昔話を一つ紹介してください。

答え

第 3 課

天童寺

　天童寺は寧波市の東側、25キロ離れている太白山の麓にあり、杭州の霊隠寺より90年も早い、西晋（300年）に建立され、1700年余りの歴史をもち、禅宗十古刹の一つで、「東南仏国」だと称えられています。

　天童寺は日本などに影響を与えたことでも有名で、曹洞宗の開祖・道元や臨済宗の開祖・栄西もかつてこの寺で仏法を学びました。その後も日本から多くの禅僧がこの寺に修行に訪れてきました。また鑑真和尚もこの地を訪れており、日中間の仏教文化交流の拠点だったといっても過言ではありません。長い歴史のなか、度重なる災害に遭っても、立て直され、現存している建築は730軒、面積が5.8万平方メートルあり、基本的には明の時代の風格を残しています。すべての仏閣は長廊下で繋がっていて、観光客が日差しや風雨に曝されることなく長廊下を通ってお寺の中の至る所に行けるので、希でユニークな寺作りだと言われています。天童寺周辺は非常にのどかな山の風景が広がっています。木々に囲まれるようにお寺があり、近くには森林公園もあり

ます。広大な土地を持つ中国の大自然が見られるのもひとつの楽しみです。ゆっくりと自然に囲まれながら歴史を学ぶ観光が出来ます。

（登場人物：観光客の高橋さん、ガイドの李さん）

➤ **観光バスのなか**

李：これから天童寺へ移動しますが、市内から結構離れていますので、片道で一時間ほどかかりそうです。時間潰（つぶ）しに少し天童寺の話をさせていただきます。

高橋：よろしくお願いします。

李：まず天童寺についてこのような言い伝えがあります。晋（しん）の時代に、義興（ぎきょう）というお坊さんが山の奥に小屋を建てて修行していました。とても辺鄙（へんぴ）なので、食料を得ることがとても難しかったのですが、ある日突然男の子（童子）が毎日食べ物と飲み物を持ってくるようになりました。それはなぜだと思いますか。

高橋：うん、修行がとても熱心にしていたので、仏様からのご褒美ですか。

李：ビンゴ！その通りです。玉皇大帝（ぎょくこうたいてい）はお坊さんの熱心な修行ぶりをみて、感動しました。山の神に毎日食事と飲み物を届けるようにと命令しました。その山の神が男の子に化けて、義興の前に現れました。やがて、義興は山の奥の小屋を立派なお寺にさせました、そのお寺が「天童寺」と名付けられました。

高橋：ええ、そうなんですか。それは初耳です。天童寺は日本の仏教と深いかかわりがあると聞きました。

李：はい。そうですよ。宋の時代に、道元禅師が24歳の若さで(1223年)博多を出航
し、28歳(1227年)で帰国するまでの4年間天童寺で修行しました。後に日本の曹洞宗
の開祖として敬（うやま）われました。彼は天童寺を祖庭（そてい）としています。

高橋：ええ、友人は曹洞宗の信者で、何年か前に天童寺を訪ねたことがあります。

李：日本との関わりが多い天童寺は日本人観光客にも人気です。それだけではあり
ません。道元禅師のほかに、栄西など日本から数多くの禅僧がこの天童寺を訪れ、仏
法（ぼう）を学びました。鑑真和尚もこの寺で修行しました。

高橋：ますます、天童寺を見てみたくなりました。あとどのぐらいかかりますか。

李：はい、あと20分ほどでつくと思います。それまで少々お休みください。

➤ **観光バス到着**

李：はい、まもなく、天童寺につきますよ。

高橋：ええ、大きな駐車場ですね。車もいっぱい止まっていますね。

李：天童寺の近くには森林公園もありますから。豊かな大自然が見られるし、天童
寺には無料で入れるし、平日でも家族連れや一般の観光客や仏教の信者たちで賑わっ
ています。

高橋：ええ、そうなんですか。

李：この広場を抜けると、天童寺のエリアになります。あそこに巨大な石がありま
すね。石に「天童禅寺（ぜんでら）」と書いてあります。

高橋：あ、本当ですね。あの大きさでさらに金色（こんじき）で、インパクトがありますね。

李：これはつい最近できたものなんです。キラキラしすぎていて、奥ゆかしい天童
寺のイメージとあまり合わないですけど。

高橋：そうそう、私も同感です。

李：天童寺は太白山の麓（やまぞ）の山沿いに建立され、主な仏閣は天王殿（てんのうでん）、大雄宝殿（だいゆうほうでん）、法堂（はっどう）、羅（ら）
漢堂（かんどう）、鐘楼（しょうろう）などがあります。普通のお寺とは全く同じなんですが、一つだけ他と違っ

て、特別なところがあります。それは何だと思いますか。

　高橋:えっ、またですか。ええと、う～うん、なんでしょうね、さっぱりわかりません。

　李:それは長廊下です。すべての仏閣は渡殿で繋がっていてます。観光客が日差しや雨風に曝されることなく渡殿を通ってお寺の中の至る所に行けるのです。

　高橋:ええ、そうなんですか。それは優しい心遣いですね。

　李:また、天童寺は、長い歴史の中で、火災やら戦火やら洪水やらで何度も廃墟になったことがあります。でも僧侶たちの懸命な努力により、立て直されました。

　高橋:ええ、そうですか。わー、やっぱり広いですね。

　李:お寺の最上部からの眺めは迫力が半端ないですよ。上まで行きましょう。

　高橋:せっかく来たので、ぜひ。

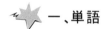 一、単語

余り(あまり):超过

禅宗(ぜんしゅう):禅宗

古刹(こさつ):古寺,古刹

称える(たたえる):称赞,赞扬,歌颂

曹洞宗(そうとうしゅう):曹洞宗(专有名词,佛教禅宗五家之一)

道元(どうげん):道元(专有名词,日本和尚名)

臨済宗(りんさいしゅう):临济宗(专有名词,佛教禅宗五家之一)

栄西(えいさい):荣西(专有名词,日本和尚名)

かつて:曾经

仏法(ぶっぽう):佛教,佛法

禅僧(ぜんそう):禅僧,禅宗和尚

拠点(きょてん):据点,基点

過言(かごん):夸大,夸张,说得过火

度重なる(たびかさなる):反复,接二连三

軒(けん):所,栋(用于建筑的量词)

日差し(ひざし):阳光照射

風雨(ふうう):风雨

曝す(さらす):暴晒

渡殿(わたどの):长廊

希(まれ):稀有的,少见的

ユニーク(unique):与众不同的,别出心裁的

のどか:休闲,恬静

言い伝え(いいつたえ):传说

義興(ぎこう):义兴(专有名词,中国和尚名)

辺鄙(へんぴ):偏僻

褒美(ほうび):褒奖,奖赏

ビンゴ:猜中了(口语)

初耳(はつみみ):首次听说

博多(はかた):博多(专有名词,日本地名)

出航(しゅっこう):出港,离港,船出港口

敬う(うやまう):尊敬

関わり(かかわり):相关

インパクト(impact):冲击,效果

キラキラ:亮闪闪

奥ゆかしい(おくゆかしい):文雅,典雅,优美

山沿い(やまぞい):沿着山边

心遣い(こころづかい):关心,关怀,照顾

戦火(せんか):战火

廃墟(はいきょ):废墟

懸命(けんめい):拼命努力

眺め(ながめ):眺望,瞭望,远眺

迫力(はくりょく):动人的力量,扣人心弦

半端ない(はんぱない):真不得了(口语)

 二、文型表現

1. または鑑真和尚もこの地を訪れており、日中間の仏教文化交流の拠点だったといっても過言ではありません。

此外鉴真和尚也到过这里,称它是中日之间佛教文化交流的基点,也不为过。

2. 観光客が日差しや風雨に曝されることなく長廊下を通ってお寺の中の至る所に行けます。

游客们通过回廊可以走到寺院的各个地方,不用经受风吹日晒雨淋。

3. ゆっくりと自然に囲まれながら歴史を学ぶ観光が出来ます。

观光时可以在置身于大自然的同时学习历史。

4. 市内から結構離れていますので、片道で一時間ほどかかりそうです。

离市内很远,单程可能要花一个小时左右。

5. 晋の時代に、義興というお坊さんが山の奥に小屋を建てて修行していました。

在晋朝,一位名叫义兴的和尚在山的深处盖了小屋,在那里修行。

6. 道元禅師のほかに、栄西など日本から数多くの禅僧がこの天童寺を訪れ、仏法を学びました。

除道元禅师外,还有荣西等许多来自日本的禅僧访问了天童寺,学习了佛法。

7. 天童寺は、長い歴史の中で、火災やら戦火やら洪水やらで何回も廃墟になったことがあります。

在漫长的历史中,天童寺曾因火灾、战乱、洪水等多次成为废墟。

8. 僧侶たちの懸命な努力により、立て直されました。

僧侣们经过辛勤努力,重建了(天童寺)。

 三、練習問題

（一）本文の内容に基づいて質問に答えなさい。

1. 寧波の天童寺と杭州の霊隠寺と、どちらが古いですか。

2. 天童寺は何と称えられていますか。

3. 何回の再建もあり、今の天童寺はどんな風格ですか。

4. 道元禅師は何歳から何歳まで天童寺で修行しましたか。

5. 天童寺は平日でもお客さんで賑わう理由はなんですか。

（二）次の文を中国語に訳しなさい。

1. その後も日本から多くの禅僧がこの寺に修行に訪れてきた。

2. 時間潰しに少し天童寺の話をさせていただきます。

3. まず天童寺についての言い伝えがあります。

4. 日本との関わりが多い天童寺は日本人観光客にも人気です。

5. キラキラで奥ゆかしい天童寺のイメージとあまり合わないですけど。

6. すべての仏閣は長廊で繋がっています。

（三）会話の練習。

1. 日本人の先生を誘って、天童寺へ行くとします。天童寺のいいところがうまく表現できますか。話してみてください。

2. 天童寺の昔話を自分の言葉でまとめてください。

答え

第 *4* 課

河姆渡遺跡

　　河姆渡遺跡博物館は余姚市河姆渡鎮に位置し、そこには今から約7000年ほど前の新石器時代の遺跡があります。遺跡は1973年に発見され、1973年11月と1977年10月に二度の発掘によって、きれいに積み重なっている、厚さが4メートルにも達する四つの古文化層が発見されました。1982年2月に河姆渡遺跡は全国の重要文化保護財とされ、国が愛国教育を実施する基地のひとつにもなりました。

　　陳列館は三つの展示室に分けられています。第一展示室の案内図を見れば、遺跡の位置を知ることができます。陳列館に「7000年前の河姆渡生態環境」模型があります。その模型により、今から8000年ほど前はこのあたりはまだ洋々たる大海原で、周りの山がみな近海の沖の島々だったことが分かります。第二展示室では河姆渡人の稲作農業および狩猟、漁業、採取活動などが再現されています。また、河姆渡文化の陶器の中には、貴重な彩陶もあります。そして骨笛や骨矢じり、弾丸などの漁と狩りの道具もあります。第三展示室では主として、河姆渡人の「定住生活」や「精神生活」などを

反映していると思われるものが展示されています。遺跡から160点あまり骨笛が出土しました。骨の端から端まで空洞があり、その間に孔を6つ開けており、今でも七つの音階を完全に再現できます。

河姆渡遺跡博物館は人類が旧石器時代から新石器時代へと歩む歴史の過程を象徴しています。

（登場人物：観光客の高橋さん、ガイドの李さん）

李：おはようございます。今日は余姚へ行き、河姆渡遺跡という博物館を訪ねることになっています。

高橋：はい、確かに今回の旅で一番寧波市内から離れたところですね。

李：そうですね。今宿泊されているホテルから車で移動すると2時間弱かかりそうですが、とても自然が豊かで、今までとまったく違う風景が見られるし、お昼は地元の郷土料理を召し上がれるので、ぜひお楽しみに。

高橋：中国は広くて、スケールが日本とぜんぜん違いますから。いっぱい河姆渡遺跡の話を聞かせてください。

李：喜んで。河姆渡遺跡は姚江という河のすぐそばにありますが、1973年7月ごろ、

当時の人々が洪水を防ぐために、小さなダムを作ろうとしましたが、掘っていくと焼物(陶器)の破片、変な形をした道具、動物の遺骨などどんどん出てきました。

高橋:ええ、それはびっくりするでしょう。

李:それで上へ報告して、専門家(考古学者)に来てもらったら、考証を経て、古文化遺跡が確認され、世界を驚かせました。1973年11月と1977年10月に二度の発掘もしました。4万平方メートルにもなる河姆渡文化遺跡はわが国の古代文明の発祥地のひとつとして名を広めました。

高橋:4万平方メートルもありますか。それは広いですね。

李:またそこから大量の文化財が出土しました。骨、石、木、陶などの文化財は7000余りに達しましたし、象牙の彫刻品、漆器、陶製の芸術品など多くの文化財はとても価値があり、国宝と呼ばれています。

高橋:そうなんですか。特に何が有名ですか。

李:いろいろありますけど、一番有名なのは稲作農業に関するものでしょう。何と120トンも発掘されたそうです。出土したばかりの時、稲とその茎、葉っぱは形が完全なまま、色も金色、空気に触れたため、一瞬に黒になったという話もあります。

高橋:120トンも、ええ、再びその規模に感心します。

李:個人的に一番好きなものをお話ししたいのですが、「骨笛」というもので、文字通りに鳥の骨で作られた笛のことです。骨の上にいくつかの穴が開けてあります。今でも七つの音階を完全に出すことが出来ると言われます。

高橋:それはすごいですね。見てみたくなりました。

李:それはよかったです。あと少しで到着しますので、じっくり見ましょう。

➤ **到着、車から降りる**

高橋:やっと着きました。そとの空気がおいしいです。

李:お疲れさまです。市内から結構離れているし、すぐそこに河もありますからね。

あの巨大な石が見えますか。あそこが河姆渡遺跡です。

　高橋：ええ、これもまたすごい景色です。なんの石ですか。

　李：三つの巨石を積み重ねて出来た石碑はこの河姆渡遺跡のシンボルスポットですよ。石碑の上に中国書道の大家と言われる沙孟海によって、書かれました。なぜかというと、彼はもともと寧波出身ですから。

　高橋：綺麗な字ですね。あの上の石の図案は何ですか。

　李：「二鳥が日を担ぐ」という図案です。その鳥は「鳳凰」という説もあります。大昔の人々が鳳凰や太陽に対する一種の原始的なトーテム崇拝だと言われます。

　高橋：ええ、なんか神秘的で、パワーが感じます。

　李：はい、ここでぜひ写真を一枚。SNSにアップするのもいいですよ。

　高橋：そうなんですか。じゃまた後でお願いします。

　李：ここは河姆渡博物館と言って、各建物の間が廊下で結ばれています。全館は7000年前の河姆渡に使われたという「高床式」の建築様式を真似て、「長い棟」「短い軒」「高い床」といった特徴に基づいて設計されました。

　高橋：なんだか昔の日本人の家屋にちょっと似ていますね。

　李：そうですか。多分同じ南の地域なので、湿気を防ぐために、そんな形の家屋になったんでしょう。

　高橋：私たちの先祖様がたどり着いた建築法が一緒だったということですか。

　李：そうなりますね。ここの館名が当時、国家主席によって書かれたのです。

　高橋：それほど国から重視されていたわけですね。

　李：さあ、さっそく中に入りましょう。

 一、単語

河姆渡（かぼと）：河姆渡（专有名词，著名文化遗址）

遺跡（いせき）：遗址

新石器(しんせっき):新石器

発掘(はっくつ):挖掘,发掘,发现

積み重なる(つみかさなる):反复;堆起来

実施(じっし):实施,施行

陳列館(ちんれつかん):陈列馆

案内図(あんないず):导游图

生態(せいたい):生态

模型(もけい):模型,仿照实物制成的物品

稲作(いなさく):种稻子

狩猟(しゅりょう):狩猎,打猎

漁業(ぎょぎょう):渔业

採取(さいしゅ):采,拾取,采集

陶器(とうき):陶器,陶瓷器

彩陶(さいとう):彩陶

骨笛(ほねぶえ):一般指用动物(鸟类为主)骨头制成的笛子

矢じり(やじり):箭头

弾丸(だんがん):子弹,枪弹

歩む(あゆむ):行走;前进

弱(じゃく):不足,近(接在数量词后)

まったく:实在,简直

スケール(scale):规模程度;标尺;秤盘

ダム(dam):水坝

発祥地(はっしょうち):起源地,发祥地

国宝(こくほう):国宝

出土(しゅつど):(文物等)出土

金色(こんじき):金色

再び(ふたたび):再,又,重

シンボル(symbol):象征,符号

スポット(spot):地点

担ぐ(かつぐ):承担

パワー(power):力量

SNS(social networking service):社交网络服务(包括社交软件和社交网站)

アップ(up):上传;向上,提高

トーテム(totem):图腾

棟(むね):屋脊;大梁

軒(のき):屋檐

床(ゆか):地板

たどり着く(たどりつく):好不容易走到

 二、文型表現

1. 厚さが4メートルにも達する四つの古文化層が発見されました。

発现了堆积厚度达到4米左右的4个古文化层。

2. 1982年2月に河姆渡遺跡は全国の重要文化保護財とされ、国が愛国教育を実施する基地のひとつにもなりました。

1982年2月,河姆渡遗址成为全国重点文物保护单位,也是国家级爱国主义教育基地之一。

3. 陳列館は三つの展示室に分けられています。

陈列馆被分成三个展示室。

4. 第三展示室では主として、河姆渡人の「定住生活」や「精神生活」などを反映していると思われるものが展示されています。

第三展厅主要展示了河姆渡人的"定居生活"和"精神生活"等内容。

5. 4万平方メートルにもなる河姆渡文化遺跡はわが国の古代文明の発祥地のひとつとして名を広めました。

4万平方米的河姆渡文化遗址作为我国古代文明的发祥地之一而声名远播。

6. 出土したばかりの時、稲とその茎、葉っぱは形が完全なまま、色も金色、空気に触れたため、一瞬に黒になったという話もあります。

据说刚出土的时候，稻及其茎、叶的形状是完整的，颜色也是金色，因接触了空气，瞬间变成了黑色。

7. なぜかというと、彼はもともと寧波出身ですから。

为什么呢？因为他原来是宁波人。

8. その鳥は「鳳凰」という説もあります。

也有说那只鸟是"凤凰"。

 三、練習問題

（一）本文の内容に基づいて質問に答えなさい。

1. 河姆渡遺跡はどこにありますか、寧波市内から車でどのぐらいかかりますか。

2. 河姆渡遺跡はいつ発見されたのですか。

3. 河姆渡遺跡のなかで国宝と呼ばれるものはどんなものですか。

4. ガイドさんは何の文化財が好きですか。なぜですか。

5. 河姆渡遺跡のシンボルスポットと言われる石碑の図案は何ですか。

6. 河姆渡遺跡の建築づくりは日本と似ている理由は何ですか。

（二）次の文を中国語に訳しなさい。

1. 第一展示室の案内図を見れば、遺跡の位置を知ることができます。

2. また、河姆渡文化の陶器の中には、貴重な彩陶もあります。

3. 三つの巨石を積み重ね出来た石碑はこの河姆渡遺跡のシンボルスポットですよ。

4. 大か昔の人々が鳳凰や太陽に対する一種の原始的なトーテム崇拝だと言われ
   ます。

5. 多分同じ南の地域なので、湿気を防ぐために、そんな形の家屋になったんで
   しょう。

（三）**会話の練習。**

1. 河姆渡遺跡へ行ったことがありますか。他にどんな文化遺跡を知っていますか。

2.「骨笛」と同じような、中国の国宝を一つ調べて、紹介してください。

答え

第六単元　ショッピング篇

第 1 課

寧波の商圏概況

　寧波は杭州に次ぐ浙江省第二の都市で、長江三角州南の経済の中心です。寧波の都市建設や住民の消費状況は、一級都市の水準に勝るとも劣らないものとなっています。寧波最大の商業中心は天一広場ですが、この付近の百貨店の密集度合いは、上海の徐家匯に匹敵するほどです。国際ショッピングセンター、銀泰百貨、寧波第二百貨などがほぼ一列に並んでおり、買い物客は多く、売り上げも大変好調です。天一広場の開業によって、もともと、中山路沿いに点在していた商業施設が点から線へとつながり、一大商圏が出来上がりました。現在、天一広場は寧波の地元の人々がショッピングに出かける際の人気スポットとなっています。

　このほか、老外灘と和義路浜江休閑広場は寧波市政府の旧城に対する二大改造プロジェクトであり、寧波市政府が企画する「三江六岸、百里長廊」の中心地域です。天一広場とともに、「三江口コア商圏」を構成することになります。

　また、海曙区、江北区、鄞州区、北侖区なども独自の環境や雰囲気に合わせて、特色のある商圏の建設が計画されています。

一、天一商圏

　天一商圏の中心を構成する天一広場はワンストップ機能を持つ総合型ショッピング・レジャー施設です。同商圏はMRMADA米国設計士事務所と寧波建設設計院の共同設計によるもので、モダン性、溢れる緑、水際というテーマと寧波独特の文化とを融合された独創的なデザインが魅力的な商圏です。商圏内には10の大型商業区（スーパー・マーケット区、高級ブランド品区、アパレル区、キッズ区、デジタル製品区、酒屋

区、アミューズメント区、美食区、総合区）、そして中心広場からなっています。

　天一広場は、寧波の中心的繁華街と言える中山路の南側に位置し、敷地面積は20万平米、建築面積は22万平米を超えています。広場全体は、22のモダン建築群からなり、中央部には噴水を中心とした6000平米の水域景観を取り囲む3.5万平米の広場が設けられています。天一商圏は、東が車橋街、西が開明街、北が中山東路、南が薬行街をそれぞれ境目とし、天一広場以外に、中山東路沿線にある各商店街などの百貨店も同商圏に属しています。

更に、2009年9月には、国際トップブランドを数多く集める和義大道ショッピングセンターが開業したことで、商圏は更に中山東路の北に広がり、一段とレベルアップした感があります。ハイエンド消費に着目してみると、寧波で最も高級ブランド品の品揃えが充実しているショッピングセンターが和義大道です。開業1年目の売上額は、8億元近くに上り、これは寧波が、高級ブランド品への受容性が非常に高い都市であることを示しています。ルイヴィトン、グッチ、クリスチャンディオール、バーバリー、カルティエ、フェラガモなどの海外トップブランドがすでに寧波への進出を果たしています。ルイヴィトンは中国5店舗目のフラッグシップを設置、クリスチャンディオールとカルティエは商品の全ラインナップを取り揃えた店舗を展開しており、一流ブランド各社が寧波市場を重視していることが窺えます。また、腕時計のオメガとアパレルのアルマーニは、寧波最大の商業区である天一広場で200メートルと離れていない位置に、3軒の大型専門店を展開し、寧波は華東地区のなかでも特に贅沢品の密集する都市となりました。贅沢品消費の大部分が地元の人々によってなされている点が他の二級都市とは異なります。

主要な商業施設：銀泰百貨天一店、寧波第二百貨商店、国際ショッピングセンター、和義大道ショッピングセンターなど。

二、万達広場商圏

万達広場は鄞州中核に位置し、東側は寧波市の主要幹線道路である天童北路に連結し、北側は四明中路、南側は鄞州区政府に近い貿城中路、西側は寧南北路と結ばれています。施設の敷地面積は21.09ヘクタールで、国際購物広場、国際ビジネスホテル、高級マンションの3部分から構成されています。この万達広場が次に狙っているのは、寧波旧城にある鄞州中心区です。この地域には住宅地が従来から存在しています。この地域を取り込み、天一広場とは別の第2の繁華街を作ることを目標としています。寧波のショッピング需要は、天一広場を中心とする中山東路地域に集中していました

が、2006年12月から、万達広場は天一広場に集中する消費者を分散させる役割を果たしています。

万達広場は中国国内でも有名で、地下にはウォルマートも入っています。

主要な商業施設：銀泰百貨、国際購物広場など。

三、老外灘（ラオワイタン）

天一広場から徒歩10分くらいの距離にある老外灘は観光地としてはまだあまり認知度（にんちど）が高いとは言えませんが、古くから外国人に港を開放していた歴史があり、多くの欧米風のお店や建物が残っています。現在でも西洋の飲食店などが並び、異国情緒（いくにじょうちょ）が感じられる街として人気があります。上海の外灘も有名ですが、実は寧波の方が10年も早く作られていたのです。

カフェやバーな楽しめる場合の多い老外灘ですが、ただ歩くだけでも街並みを楽しむことができます。川沿いを歩けば近代的な寧波の姿が見られ、老外灘の内側を歩くと、まるでタイムスリップしたかのような西洋とアジアが融合された建物を見ることができます。そのおしゃれな雰囲気が人気の観光地となった原因かもしれません。

四、杉井アウトレットパーク（寧波）

2011年に杉杉グループは日本の三井不動産株式会社と提携し、寧波のショッピングエリアの新たなランドマークを建設しました。国内外の確かなブランドアイテムを身近_{みぢか}にし、幅広い店舗ラインナップでショッピングの幅を広げています。杉井アウトレットパーク（寧波）は地域文化に触れ、味わい、親しむ楽しさを提供し、安心で清潔_{せいけつ}な施設を目指し、「おもてなし」の心で心が躍_{おど}るかけがえのない体験を提供しています。

（登場人物：観光客の高橋さん、佐藤さん、ガイドの李さん、店員）

➤ 天一広場で

李：高橋さん、佐藤さん、おはようございます。今日は寧波市で最も早くできたショッピングプラザである天一広場をご案内いたします。天一広場には店舗が多くあるので、気に入るものがたくさん見つかると思います。

高橋：よろしくお願いします。

佐藤：洋風の建物や、大きな広場、噴水もあり、散歩しながら買い物できるよい場所ですね。

高橋：そうですね。百貨店や商業施設が周りにあって、開放的な雰囲気が楽しめますね。

李：食事、衣料品、食料品、書籍、何でもありますので、皆さん、ぜひ回ってみていただきたいと思います。

佐藤：すいません、李さん。私は純正なシルクのスカーフを親友のお土産にしたいんですが、どこかよいお店がありませんか。

李：はい、ありますよ。天一広場の中には「上海故事」という店があります。そこでシルク製品を売っています。高橋さんはどうですか。そこのお店を見ていきませんか。

高橋：はい、よろしくお願いします。

➤ 上海故事の店で

店員：いらっしゃいませ。何かお探しですか。

李：シルクスカーフを買いたいんですが、何かお薦めのものがありませんか。

店員：こちらのスカーフは人気商品です。ぜひお試しください。

佐藤：これは民族風で、長さもちょうどよくて、いいですね。

高橋：そうですね。肌触りもとてもいいし、これにしましょう。

佐藤：きれいですね。自分用にも何枚か買おうかなあ。

高橋：私もそう思います。お値段も手ごろだしね。

李：高橋さん、佐藤さん、いかがでしょうか。

高橋：私、こちらの5枚にします。

佐藤：私は8枚も選びましたよ。女性の友達にあげるお土産にいいと思います。

李：そうですね。それでは、お会計よろしいでしょうか。

高橋、佐藤さん：はい、よろしくお願いします。

➤ **天福茗茶の店で**

李：隣の天福茗茶もよく知られていますよ。試飲を楽しみながら、お茶やお菓子を選ぶことができます。

佐藤：日本では抹茶がほとんどですが、中国では茶葉のほうですね。

李：はい、そうですね。入ってみましょうか。

佐藤：よろしくお願いします。

高橋：緑茶、紅茶、白茶、いろいろ並べてありますね。

佐藤：そうですね。テーブルの上に並んでいる中国茶のセットのところで、その場で選んだ茶葉をスタッフの方が、丁寧に淹れてくれます。なんと贅沢なひとときですね。

高橋：そうですね。パッケージ商品のものと違って、香りもその場で試せるのがポイントですね。

李：中国茶は最初の1煎目は灰汁があるので、飲まずに捨ててしまうのですが、2煎目、3煎目と、味わいの変化や香りの違いなどを楽しむことができます。

佐藤：なるほど…

高橋：うちのお爺さんが中国の緑茶が好きなので、私、これにします。

佐藤：私はこのお茶菓子がおいしかったので、これにします。

李：お気に召して頂いて良かったです。

⭐ **一、単語**

次ぐ（つぐ）：継……之后；次于，亚于

勝るとも劣らない（まさるともおとらない）：不亚于，有过之无不及

度合い（どあい）：程度

匹敵する（ひってきする）：匹敵，比得上

プロジェクト（project）：项目

コア（core）：核心

ワンストップ（one stop）：一站式

水際（みずぎわ）：水边，水滨

ブランド品（brand ひん）：名牌

アパレル（apparel）：服装行业

キッズ（kids）：儿童

アミューズメント（amusement）：娱乐

境目（さかいめ）：交界线；关键，关头

一段（いちだん）：更加

レベルアップ（level up）：升级，水平提升

着目（ちゃくもく）：着眼于

品揃え（しなぞろえ）：品种齐全

ハイエンド（high end）：高端

受容性（じゅようせい）：可接受性

ルイヴィトン（Louis Vuitton）：路易·威登

グッチ（Gucci）：古驰

クリスチャンディオール（Christian Dior）：克里斯汀·迪奥

バーバリー（Burberry）：巴宝莉

カルティエ（Cartier）：卡地亚

フェラガモ（Ferragamo）：菲拉格慕

オメガ（Omega）：欧米茄

アルマーニ（Armani）：阿玛尼

フラッグシップ(flagship)：旗舰(店)

ラインナップ(lineup)：阵容

取り揃える(とりそろえる)：齐备，备齐

なす：完成，构成，做

ヘクタール(hectare)：公顷

狙う(ねらう)：瞄准

従来(じゅうらい)：历来，以前

ウォーマート(Walmart)：沃尔玛

認知度(にんちど)：认可度

港(みなと)：港口

タイムスリップ(time slip)：穿越时空

アウトレットパーク(Outlets park)：奥特莱斯广场

エリア(area)：地区

ランドマーク(landmark)：地标

アイテム(item)：项目

躍る(おどる)：胸口怦怦跳，跳跃

かけがえのない：无可替代的

ショッピングプラザ(shopping plaza)：购物广场

シルクのスカーフ(silk scarf)：丝绸围巾

肌触り(はだざわり)：触感

お会計(おかいけい)：结账

スタッフ(staff)：工作人员

パッケージ(package)：袋装，包装

試す(ためす)：尝试

灰汁(あく)：灰水，碱水；涩味

二、文型表現

1. 寧波の都市建設や住民の消費状況は、一級都市の水準に勝るとも劣らないです。

   宁波的城市建设和居民的消费水平与一线城市不相上下。

2. 天一広場とともに、「三江口コア商圏」を構成することになります。

   和天一广场一起，构成"三江口商圏"。

3. 寧波で最も高級ブランド品の品揃えが充実しているショッピングセンターが和義大道です。

   在宁波高档品牌最齐全的商圈是和义大道。

4. 天一広場から徒歩10分くらいの距離にある老外灘は観光地としてはまだあまり認知度が高いとは言えませんが、古くから外国人に港を開放していた歴史があり、多くの欧米風のお店や建物が残っています。

   距离天一广场步行10分钟左右的老外滩作为游览点虽然不是很有名，但是拥有悠久的对外开放的历史，现存较多具有欧美特色的店铺和建筑物。

5. 杉井アウトレットパーク（寧波）は地域文化に触れ、味わい、親しむ楽しさを提供し、安心で清潔な施設を目指し、「おもてなし」の心で心が躍るかけがえのない体験を提供しています。

   杉井奥特莱斯体现地域文化，提供美食和休闲放松的环境，重点打造安心清洁的设施，提供不可替代的舒适的购物空间和体验。

 三、練習問題

（一）本文の内容に基づいて質問に答えなさい。

1. 天一広場の開業によって、何が変わりましたか。

2. 天一商圏はどんなところですか。

3. 天一商圏にはいくつかの大型商業区がありますか。それらは何ですか。

4. 老外灘について簡単に説明してください。

5. 杉井アウトレットパーク（寧波）について簡単に説明して下さい。

（二）次の文を中国語に訳しなさい。

1. 寧波は杭州に次ぐ浙江省第二の都市で、長江三角州南の経済の中心です。

2. 天一商圏の中心を構成する天一広場はワンストップ機能を持つ総合型ショッピング・レジャー施設です。

3. 寧波のショッピング需要は、天一広場を中心とする中山東路地域に集中していましたが、2006年12月から、万達広場は天一広場に集中する消費者を分散させる役割を果たしています。

4. 回りを低層の百貨店や商業施設が取り囲み、開放的で伸びやかな雰囲気が楽しめます。

5. パッケージ商品のものと違って、香りもその場で試せるのがポイントです。

（三）会話の練習。

1. 2021年4月に、寧波に中国初の日本阪急百貨店ができました。それを紹介してください。

2. ネット通販がはやっている今、実店舗経営が前より難しくなりました。それについてどう思いますか。

答え

第 **2** 課

寧波の工芸品

一、寧波刺繍

　寧波刺繍は場所によって独自の特徴を持っています。寧波刺繍は構図がシンプルで、色彩は鮮やかです。おおかた黒色・灰色・藍色・真紅・黄色・灰緑などのような柔らかな色彩が使用されています。主な運針法には斜針・扣針・太針・抽糸・朝紗・挟紗・晒毛針・打子針などがあり、最後に金や銀の糸を使う磐繍で飾られる運針法もあります。刺繍の模様は殆ど、龍鳳・如意・牡丹・百鳥のような大衆の好みに応じる題材を取り入れています。それらを使って、刺繍をより一層優雅で、ゴージャスにさせ、また古風で、素朴で落ち着いた感じを人々に与えます。まさに寧波民間ならではの地方風格に富んでいる工芸品です。

　寧波刺繍は各色彩のシルクとレーヨンを混ぜて造られた錦を原料にして、金や銀の糸で彩られた平繍の模様の周囲に刺繍することもあれば、金や銀の糸でぎっしりと刺繍し、模様の空白を埋めるところもあります。融盤金が色繍と一体になって、優雅な物となっています。

　ここ数年、寧波刺繍は「工芸品を日用品化し、日用品を工芸品化せよ」との要求に即して、絶えず製品を革新してきました。製品は芸術的な価値を持っていると共に、日用品でもあり、更に旅行の記念品、家族へのお土産にもなります。趙朴初が寧波を訪問し、職人たちの刺繍の技を見学した時、ただ賞賛しただけでなく、「古今を吟味し、雲や月を裁ち切るようで、奇異な草花、見事な針」という賛辞まで残しました。その賛辞は寧波刺繍の特色を見事に表現するものとなりました。

　この数年間、職人たちは伝統工芸品を受け継いできたと同時に、国外の先進的な刺繍方法も学びつつ、寧波刺繍をより一層発展させてきました。1989年、寧波刺繍の大型の屏風「百鶴朝陽」は中国工芸美術百花奨の珍品奨を受賞し、中国美術館に収蔵されました。

二、朱金木彫り

　寧波の朱金漆彫りは「漆金木彫り」とも呼ばれ、寧波の伝統的手芸品の一つです。楠・槿・銀杏などの木材を浮き彫り・立体彫刻・透かし彫りに彫り、その上に漆を塗り、金箔を貼り、そして砂金・碾銀・開金などの工芸を加え、中国大漆を塗って朱金漆木彫りとなるのです。

　寧波朱金木彫りの構図は複雑で、内容の多くが慶事、民間伝説となっており、多彩で充実しており、寧波の独自のスタイルが形成されています。「にぎやか」をテーマにし、曲劇の場面を素材にするものは、「京班体」とも呼ばれます。造型は古風で素朴ですが、生き生きとしています。剣術は重厚で、色彩交互、きらきらと美しく華麗で、極めて高い芸術性と実用性を持っています。

　寧波朱金木彫りの歴史は長く、漢・唐・宋から伝わってきました。寺院・祠堂・住居・花輿・木床などはすべて漆塗り木彫りを施されます。寧波保国寺で保存された朱金木彫りの千工床・万工轎は朱金が光り輝き、朱金木彫りの精華を集めました。例えば万工轎は、輿の部分が木彫りの花、朱の漆、金箔の花となっており、いずれも細工が巧みです。万工轎は前後左右対称で、精巧で複雑です。万工轎の上には24羽の鳳凰、38頭の竜、54羽の鶴、174羽のカササギ、92頭のライオン、22羽の鷹、22匹のカマキリ、12人の小天使、124か所のザクロ百子、18対の梅とカササギの図、12対のリズブドウ群像、および250の人物、天宮賜物、麒麟送子、魁星点状、八仙過海、昭君遠嫁、木蘭従軍、王義之愛鵞、林和靖放鶴などのめでたい物語と歴史人物が彫られました。万工轎の側面に寧波風の刺繍の帳が飾られ、繊細な小宮灯、小さい鈴とタッセルがあります。8人で万工轎を持ち上げ歩きだすと、鈴が揺れて心地よい音を出します。

　朱金木彫りは新中国設立後、更に発展していきました。朱金木彫り屏風、箱、古代人物仏像、ライオン、飾り提灯などが彫られ、多くの建物に彫刻装飾が飾られています。ヨーロッパ、アメリカ、アジア、アフリカの国や地域にも輸出され、発展を続けています。

三、骨木象嵌

　寧波象嵌は中国伝統手芸品の中で極めて優れたものです。完璧な工芸品として登場したのは、隋・唐の時期です。清の乾隆・道光の時代、寧波の骨と木の象嵌は独特な地方のスタイルと精巧な作りで、世界に名が知られています。「貢ぎ物」とされ、今も北京頤和園の楽寿園堂に寧波の骨木象嵌が陳列されています。

　寧波象嵌の手法には高嵌入と平嵌入の二種類があります。前者の模様は突き出ているのに対し、後者の模様は木材と並行して嵌めてあります。主に象牙・木片・銅などを使って、木材に嵌め、彫刻刀で彫ってから線を引いて作っています。高級な装飾品でありながらも、実用性も兼ね備えています。

　寧波の骨木象嵌は朱金の木彫り、漆の工芸品と同じように、唐代に鑑真和尚によって日本に伝わったといいます。日本の唐招提寺の中に陳列されている骨木象嵌家

具、漆皿などは殆ど明州から伝わった工芸品です。僧侶たちが使った「紫檀碁盤」「双陸盤」などの器も明州の職人によって作られた寧波骨木の象嵌です。嵌めた図案は古風で優雅なもので、彫刻は素晴らしく、その技術は優れています。日本の真人元開の『唐大和上東征伝』によると、鑑真が日本に持ち帰ったものは、刺繍像、画像、彫像、金銅像、骨木象嵌の仏像などだと言われています。その像と寺院建築の方法は、日本の塑像と寺院彫刻の手本となります。

　寧波骨木象嵌の古き良き技術は、椅子、揺り椅子、机、茶卓、置物、大きい戸棚、小さい戸棚また屏風、装飾品などに活用され、その技術はとても優れています。中国画に非常によく似ていて、草花と人物が生き生きと彫られています。国内にも海外にも人気があるようです。

（登場人物：観光客の高橋さん、佐藤さん、ガイドの李さん）

➤ **骨とう市で**

李：今日は骨董市に行きます。ここは明の時代の範さんという人の家でした。400年の歴史を持っていて、今もそのままの姿が残っています。

佐藤：すごく古風の建物ですね。中庭が露店で、埋め尽くされています。

高橋：すみませんが、これは銀のお皿ですか。

李：はい、そうです。昔は女の子の部屋に置かれていて、お菓子なんかを載せていたんです。

高橋：すごく手が込んでいますね。

佐藤：そうですね。素敵ですね。それはいつ使いますか。

李：これは子供が生まれたら飾ります。金と銀の鎖もあって、この四つはセットです。長寿の鎖ですよ。

佐藤：なるほど…

➤ **工芸品の店で**

李:寧波は場所によって独自のスタイルを持っていて、刺繍、朱金漆彫り、骨木象嵌などの伝統技術も昔から世界に知られています。

佐藤:これは天然の樹木（じゅもく）の色や木目（もくめ）を活かして、組み合わせて描（えが）かれた木画のようです。すごいですね。

李:ええ、そうですね。それは象嵌という作り方で、文字通り象り、嵌めるという意味を持つ工芸技法ですね。

佐藤:この箱は素敵ですね。小物入れにいいと思います。日本でもこのような物がありますが、これは寧波風（ふう）なので、記念に買うのもいいですね。

高橋:そうですね。私はこの木象嵌のほうがいいですね。家の飾りに最高だと思います。

李:そうですね。

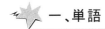 **一、単語**

刺繍（ししゅう）:刺绣

構図（こうず）:构图,取景;结构,计划

シンプル（simple）:简单

おおかた:大致

ゴージャス（gorgeous）:豪华,华丽

富む（とむ）:富于,富有,丰富,富裕

レーヨン（rayon）:人造丝

錦（にしき）:锦缎

糸（いと）:线

彩る（いろどる）:着色

即する（そくする）:按照

絶えず(たえず):不断

極めて(きわめて):极其,穷尽

古今(ここん):古今

吟味(ぎんみ):斟酌,吟诵

裁ち切る(たちきる):裁断,切断

賞賛(しょうさん):称赞,赞扬,赞赏

洗練(せんれん):精炼,文雅,讲究

金箔(きんぱく):金箔;镀金,贴金

砂金(さきん):砂金

素朴(そぼく):朴素,简单

細工(さいく):做工,工艺

巧み(たくみ):巧妙,精巧

精巧(せいこう):精巧

タッセル(tassel):流苏

帳(とばり):帐子,帷幕

手が込む(てがこむ):细致

手本(てほん):榜样,示范

戸棚(とだな):柜子

★ 二、文型表現

1. 寧波民間ならではの地方風格に富んでいる工芸品です。

   这个工艺品富有宁波民间的地方风格。

2. 製品は芸術的な価値を持っていると共に、日用品でもあり、更に旅行の記念品、家族へのお土産にもなります。

   产品具有艺术性价值的同时也是日用品,更是旅行纪念品及适合送给家人的礼物。

3. この数年間、職人たちは伝統工芸品を受け継いできたと同時に、国外の先進的な刺繍方法も学びつつ、寧波刺繍をより一層発展させてきました。

这些年，匠人们传承传统手工艺的同时，也不断学习国外先进的刺绣方法，使宁波的刺绣得到了更大的发展。

4. 寧波の骨木象嵌は朱金の木彫り、漆の工芸品と同じように、唐代に鑑真和尚によって日本に伝わったといいます。

据说宁波的骨木镶嵌和红木雕刻、漆工艺一样，在唐代由鉴真和尚传到了日本。

 三、練習問題

（一）本文の内容に基づいて質問に答えなさい。

1. 寧波の刺繍の特色について説明してください。

2. 刺繍の模様はどんな取材が多く使われていますか。

3. 寧波の朱金漆彫りはどんな作法ですか。

4. 寧波朱金木彫りはいつからでしたか。

5. 寧波象嵌の手法には何種類ありますか。それぞれどうですか。

（二）次の文を中国語に訳しなさい。

1. 寧波刺繍は各色彩のシルクとレーヨンを取り混ぜて造られた錦を原料にしています。

2. 寧波朱金木彫りの構図が旺盛で、内容の多くが慶事、民間伝説、画面が充実で多彩であって、寧波の独自な風格を形成されました。

3. 造型は古風で質朴で生き生きとしていて、剣術が重厚で、色彩交互、きらきらと美しくて華麗で、極めて強い芸術性と実用性を持っています。

4. 気高い装飾物としながらも、また実用性もあります。

5. 中国画にそっくり、草花と人物が生き生きしています。

（三）**会話の練習。**

1.文章で紹介された万工轎の説明に基づいて、会話を作ってください。

2.あなたの故郷では、どんな工芸品がありますか。紹介してください。

答え

第 3 課

中秋節と買い物

　中秋節は春節に次いで中国第二番目の伝統的な祝日です。中秋節の丸い月は団欒（だんらん）を象徴し、この祭りは「団欒節」とも呼ばれています。毎年、中秋節になると、人々は各地から家に帰り、家族と一緒に食卓（しょくたく）を囲み（かこ）、団欒のひとときを楽しみます。

　中秋節を祝う習慣は3000年余り（あま）の歴史があり、古代の月祭り（まつ）まで遡ります（さかのぼ）。伝統的な中秋節の過ごし方は月見、月祭りをし、月餅（げっぺい）を食べ、提灯（ちょうちん）を飾ることなどです。地方により中秋節を祝う風習が違います。寧波では月餅を食べながら、月見をする風習があります。最近では中秋節に親友が互いに月餅を送ることも盛んに行われていて、お互いに祝福の意を表します。

一、月見

　月見という風習は、月を祭る行事から始まった風習とされています。かつては厳粛（げんしゅく）な祭りでしたが、今日では一般的な娯楽に変わってきました。民間で中秋節のお月見が始まったのは、魏（ぎ）、晋の時代ですが、その時にはまだ風習として定着（ていちゃく）していませんでした。唐の時代になると、月見は普及し、月を詠（うた）にした詩歌（しいか）が多く残されました。宋の時代には、月見を中心とする中秋節が定着し、正式に「中秋節」と決まりました。宋の詩人は唐時代の詩人と違って、月には曇った（くも）時、晴れた時、欠ける時、丸い時などがあるという考え方がありました。人間には悲しみ、喜び、別れ、めぐり合いなどがあることを連想して、完全無欠（むけつ）な事はこの世にはないという悲しい感情を詠った（うた）詩歌をよく作ったようです。宋の中秋夜は眠らぬ夜とされ、夜の市（いち）は盛況（せいきょう）を呈（てい）し、月見の宴（えん）は翌朝（よくあさ）まで続いたようです。

二、月祭り

古代には「秋暮夕月」の習俗がありました。夕月は月の神様を祭るということです。大きい香炉を設けて、月餅、スイカ、リンゴ、ナツメ、スモモ、ブドウなどの供物を用意します。その中でも、月餅とスイカは欠かすことはできません。スイカは蓮の花の形に切ります。月の神仏の像を月の方向に置いて、赤い蝋燭を灯して、家族みんなで順次に月を祭ってから、家主の妻が全員分（旅人を含む）の丸い月餅を均等に切ります。

三、月餅

月餅は円満を象徴し、中秋節に必ず食べなければならないものです。中秋節の夜、月餅の他に、スイカなどの果物を食べ、家族の幸福を祈ります。

端午節の粽、元宵節の元宵と同じように、中秋節に月餅を食べることは伝統的な風習です。昔から、月餅の形は丸型で、円満を象徴し、一家団欒という人々の願いを表しています。

四、提灯

中秋節には恒例の催しがたくさん行われます。なかでも、欠かせない娯楽は灯篭会です。中秋節は、中国三大灯篭祭りに数えられます。元宵節に行われる大型灯篭会のような大掛かりなものではなく、中秋節の提灯は主に小さい子供たちが遊ぶおもちゃを、家に飾ることが多いそうです。中秋節にちょうちんを楽しむ風習は主に中国南部

にあります。胡麻提灯、卵提灯、花提灯、稲藁提灯、鱗提灯、もみ殻提灯、瓜種提灯、鳥獣や花木の造形など色鮮やかな提灯が秋深まる夜の空を演出し、見物人からの好評を博しています。

（登場人物：観光客の高橋さん、佐藤さん、ガイドの李さん）

➤ **万達広場で**

高橋：わあ…賑やかですね。灯籠が灯され、めでたい雰囲気に溢れていますね。

佐藤：そうですね。中秋節は中国の重要な伝統的な祭日の一つで、旧暦の8月15日です。

李：中国のほとんどの地域では旧暦8月15日ですが、浙江省の寧波、台州、舟山といった都市では旧暦8月16日です。

佐藤：そうですか。日本でも古くから、夜空にひときわ輝くお月さまに親しみをもってきました。

高橋：そうですね。日本でも月見に関連した行事がたくさんあります。戦前から昭和中期にかけて、お月見どろぼうという風習が広まっていました。現在でも、関東地方、近畿地方などに、多く残っているようです。

李：月餅は中秋節の期間に最も人気で重要な食べ物です。食べてみませんか。

佐藤：そうですか。ぜひ食べてみたいと思います。

> **ケーキ屋で**

李：中秋節が近づくと、様々な種類の月餅は店や市場で最も目立つ場所に陳列されています。月餅は普通丸い形で、薄い皮に具材と餡を入れ、それを押しつけ、焼き上げたものです。

佐藤：おいしそう…中身は何ですか。

李：伝統的な物は、蓮の実の練った物、甘い味噌と卵黄です。アイスクリーム月餅、チョコレート月餅などの近代的な味の月餅も、近年は登場しています。

高橋：月餅は、主にケーキー屋さんとパン屋さんで作られているのですか。

李さん：いいえ、そうではありませんよ。お菓子屋さんや高級レストランでも作られていますよ。最近は自宅でそれらを作っている人々も多くなっています。

佐藤：すごいですね。自宅で作るというのは。

李：月餅の餡には小豆餡のほか黒ゴマ餡ハスの実の餡や松の実の餡などさまざまな餡があります。甘い餡の中にさまざまなナッツ類や塩味のアヒルの卵が入ったもの、肉やハムが餡になっているものもあります。どの餡がいいですか。

佐藤：小豆餡のほか黒ゴマ餡ハスの実の餡にします。

高橋：私は甘いものが苦手で、肉やハムが餡になっているものが好きです。それと、いくつかお土産として買っておこうと思います。家族にも食べてもらいたいです。

佐藤：私の子供のころの記憶では、中秋の日母が十五夜のお団子を15個作ってお皿に盛り、花瓶にススキなどの野の花を飾って月の見える窓際に置き、手を合わせて皆でお月様に豊作の感謝を捧げました。いつの間にかこのような行事は日本人の生活から消えましたが、私の記憶からすると、日本のお月見の行事は中国の中秋節とは違うということがはっきりわかります。日本では家族の団らんの日ではなく、月を花とともに愛でて豊作の感謝をする日だったんです。

李：そうですか。中秋節定番の縁起物は月餅ですが、これは昔から贈り物としても用いられてきました。お土産にいいと思いますよ。

佐藤：そうですね。甘くて、柔らかい、中国の中秋節の伝統的なお菓子ですね。

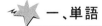 一、単語

食卓(しょくたく)：饭桌,餐桌

囲む(かこむ)：围绕

遡る(さかのぼる)：追溯,回溯

厳粛(げんしゅく)：严肃,肃穆,严厉；严峻

定着(ていちゃく)：固定

欠ける(かける)：缺少

めぐり合い(めぐりあい)：邂逅,相逢,巧遇

無欠(むけつ)：十全十美,无缺点,完美无缺

呈する(ていする)：呈送,呈现

供物(くもつ)：(献给神佛的)供品

蝋燭(ろうそく)：蜡烛

灯す(ともす)：点灯

均等(きんとう)：均等,均匀,平均

恒例(こうれい)：惯例,常例,常规

大掛かり(おおがかり)：大规模的

ひときわ：格外,尤其

練る(ねる)：糅合,搅拌,推敲

提灯(ちょうちん)：灯笼

ゴマ：芝麻(日语也写作"胡麻")

ナッツ(nuts):果仁,坚果

アヒル(あひる):鸭子

ハム(ham):火腿,火腿肉

ススキ:芒草

愛でる(めでる):欣赏,玩味;喜爱,疼爱

豊作(ほうさく):丰收

捧げる(ささげる):供奉,献;贡献

定番(ていばん):常用,固定

縁起物(えんぎもの):吉祥物

 二、文型表現

1. 中秋節の伝統的な活動は主に月見、月祭り、月餅を食べ、提灯を飾ります。地方に
   より中秋節を祝う風俗習慣が違います。

   中秋节的传统活动有赏月、祭月、吃月饼、挂灯笼等。根据地方的不同庆祝中秋节的
   习俗也略有不同。

2. 民間で中秋節のお月見が始まったのは、魏、晋の時代ですが、その時にはまだ風習
   として定着していませんでした。

   民间开始中秋赏月是在魏晋时期,但是那个时期的赏月活动并未作为习俗固定下来。

3. 月には曇った時、晴れた時、欠ける時、丸い時などがあることから、人間には悲し
   み、喜び、別れ、めぐり合いなどがあります。

   月有阴晴圆缺,人有悲欢离合。

4. 戦前から昭和中期にかけて、お月見どろぼうという風習が広まっていました。

   从二战前到昭和中期,中秋"赏月贼"的风俗广泛流传。

5. 中秋節定番の縁起物月餅ですが、これは昔から贈り物としても用いられてきました。

   中秋节固定的吉祥物是月饼,它自古以来就作为礼物沿用至今。

三、練習問題

（一）本文の内容に基づいて質問に答えなさい。

1. 毎年、中秋節になると、人々は何をしますか。

2. 中秋節はいつ定着しましたか。

3. 月餅は何を象徴していますか。

4. 提灯の種類をいくつか挙げてください。

5. 日本では月見の行事がいつから広まったのですか。

（二）次の文を中国語に訳しなさい。

1. 中秋節を祝う習慣は3000年余の歴史があり、古代の月祭りまで遡ることができます。

2. 端午節の粽、元宵節の元宵と同じように、中秋節に月餅を食べることは伝統的な習俗です。

3. 中秋節が近づくと、様々な種類の月餅は店や市場で最も目立つ場所に陳列されています。

4. 日本では古くから、夜空にひときわ輝くお月さまに親しみをもってきました。

5. そんな親しみ深いお月さまですが日本にはお月さまに因んだ行事がたくさんあります。

（三）会話の練習。

1. 日本でも中秋節があります。中国とどんな違いがありますか。

2. 中秋節のほかにもう一つ伝統的な祝日を紹介してください。

答え

第七単元　伝統文化篇

第 *1* 課

切り紙

　今から約3000年前という、紙もなく、ハサミなどもない時代には、人々は、尖っている石の塊（かたまり）を道具として、木の葉や動物の皮（かわ）に、一つ一つ小さな穴を開け、それを飾り物として体につけていました。

　漢の時代には紙が発明され、人々は、木の葉や動物の皮よりはるかに作業がしやすい紙を素材として、さまざまな模様を彫りました。

　その後、ハサミやナイフなどの道具ができ、切り紙は、宗教活動（しゅうきょう）や祭祀（さいし）の儀式（ぎしき）でもよく使われるものになりました。紙で作った動植物や人の姿などの切り紙を死者と一緒に埋め、または葬礼（そうれい）を行うときに焼き払って、生き物の代わりに死者の副葬品（ふくそうひん）にしていました。

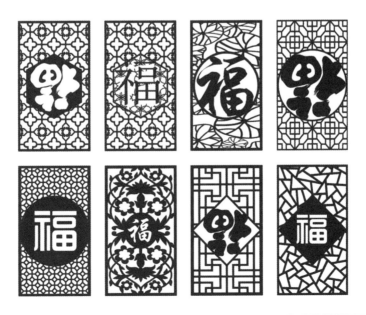

　史書によると、唐の時代、女性は切り紙を飾り物として頭に貼ったりしました。また、宋の時代、窓や壁、鏡、提灯などに貼り始め、これを職業とする職人もいたということです。こうして、一つの飾り物から独立した工芸に発展しました。

　ハサミ一つと紙一枚で切り紙を作るのは簡単に見えますが、サイズが異なる様々なハサミと彫刻刀を利用して、複雑な図案の切り紙を作るのは簡単な作業ではありません。

　切り紙の作り方は、一枚一枚切ったり、何枚もの紙を重ねて一回で切ることもあります。また、簡単な図案のものはいいですが、複雑な図案の切り紙は、まず設計された図案を印刷し、その後、適した彫刻刀を選び、図案に沿って紙を刻んでいきます。間違ったら、全部無駄になるので、ほんの少しの間違いも許されない作業です。

　切り紙の題材は多種多様、花、鳥、虫、魚、動物、植物、伝説中の人物、古典文学作品に出てくる人物、京劇のくま取りなどがあります。各地の人々の生活習慣や審美意識が異なっていることから、地域によって特徴が違います。例えば、北方の切り紙は大胆で力強いですが、南方のは精巧で細かく美しいです。

　現在、寧波には、切り紙工芸工場、切り紙芸術協会があり、定期的に切り紙展示会が

開かれ、技術交流が行われています。舞台美術、新聞雑誌、挿し絵、映画、テレビなど
で、独特な表現法を取り入れています。

　しかし、社会の発展に伴って、その技術を学ぶ人が少なくなってきているというの
が現実ですが、専門職人をはじめ、社会全体がともに努力すれば、切り紙には新たに発
展する道が開かれるでしょう。

（登場人物：観光客の高橋さん、ガイドの李さん）

李：高橋さん、向こうのオフィスビルの一階に切り紙展示会があるので、ご案内しま
すよ。

高橋：切り紙ですか、それは無形文化財ではありませんか、百聞は一見に如かず、ぜ
ひ行ってみたいですね。

李：喜んで。

➤ 切り紙展示会

高橋：すごいですね、全部いきいきとしていますね。主にどんな模様が使われてい
ますか。

李：切り紙の題材は豊富で、花、鳥、虫、魚、動物、植物、伝説中の人物、古典文学作品に
出た人物、京劇のくま取りなどがあります。

高橋：素晴らしい。こんなに複雑な模様がやはり一枚一枚で切るのですか。

李：そうですね、一枚一枚を切ったり、何枚もの紙を重ねて一回で切ることもありま
す。また、複雑な図案の切り紙は、まず設計された図案を印刷し、その後、適した彫刻
刀を選び、図案に沿って紙を刻んでいきます。

高橋：間違えてしまうと、全部無駄になりますね。

李：そうですね。ですから、切り紙のプロたちが念には念を入れて作るものです。

そうしないと、間違ったら、無駄になってしまいます。

　高橋：使う紙の色はみんな赤ですね。

　李：はい、赤は中国の正月や祭りに使われる色で、めでたい色ですよ。

　高橋：なるほど、赤は目立ちますよね。李さん、切り紙は展示会で披露されるほか
に、一般の家庭でも使われていますか。

　李：はい、正月の時に各家庭が窓ガラスに貼ったり、また結婚する時も家の壁に貼っ
たりします。

　高橋：そうですか。でも、私は日本も中国もこうした伝統文化が守られていくのか
心配になります。今の若者は切り紙に興味ありますか。

　李：確かに中国の若者は切り紙のような伝統文化を良く知らないですが、政府が切
り紙工芸工場、切り紙芸術協会などを通して、定期的に切り紙展示会を開き、技術交流
が行われています。また、舞台美術、新聞や雑誌、挿し絵、映画、テレビなどで、独特な
表現法を取り入れています。

　高橋：あっ、そういえば、この間中国の小学校へ見学に行ったとき、なんと小学生の
時間割に切り紙の授業もありました。子供たちに聞いてみたら、みんなこの授業が大
好きだと言っていました。

　李：しかも、切り紙は子供の脳の発達の助けにもなりますよね。

　高橋：一石二鳥ですね。
　　　　いっせき にちょう

　李：そうですね。

 一、単語

切り紙（きりかみ）：剪纸，裁纸

尖る（とがる）：尖；紧张

塊（かたまり）：块，疙瘩；群，集团

飾り物（かざりもの）：装饰品，摆设

漢(かん)：汉朝

素材(そざい)：原材料,素材;题材

模様(もよう)：花样,图案;情况

彫る(ほる)：雕刻;文身

祭祀(さいし)：祭祀

図案(ずあん)：图案,设计

死者(ししゃ)：死者,死去的人

葬礼(そうれい)：葬礼,丧礼

焼き払う(やきはらう)：烧光,烧尽

副葬品(ふくそうひん)：陪葬品

史書(ししょ)：史书

職人(しょくにん)：工匠,手艺人

工芸(こうげい)：工艺

彫刻刀(ちょうこくとう)：雕刻刀

設計(せっけい)：设计;计划

適する(てきする)：适合,适于;适当

刻む(きざむ)：切细;刻

題材(だいざい)：题材

多種多様(たしゅたよう)：各种各样

伝説(でんせつ)：传说,口传

古典(こてん)：古典

京劇(きょうげき)：京剧

隈取り(くまどり)：脸谱

審美意識(しんびいしき)：审美意识,审美观

地域(ちいき)：地域,地区

北方(ほっぽう):北方,北面

南方(なんぽう):南方,南面

大胆(だいたん):大胆,勇敢

力強い(ちからづよい):心里踏实;强有力

精巧(せいこう):精巧,玲珑

芸術(げいじゅつ):艺术

協会(きょうかい):协会

定期的(ていきてき):定期的

展示会(てんじかい):展览会

技術(ぎじゅつ):技术,工艺

美術(びじゅつ):美术

挿し絵(さしえ):插图,插画

表現法(ひょうげんほう):表达法

取り入れる(とりいれる):收获;拿进;引进,采纳

新た(あらた):新;重新

無形文化財(むけいぶんかさい):非物质文化遗产

百聞は一見に如かず(ひゃくぶんはいっけんにしかず):百闻不如一见

念には念を入れる(ねんにはねんをいれる):非常仔细,格外小心

めでたい:可喜可贺的

時間割(じかんわり):课表

一石二鳥(いっせきにちょう):一石二鸟;一箭双雕

 二、文型表現

1. 切り紙は、宗教活動や祭祀の儀式でもよく使われるものになりました。

   剪纸也经常用于宗教活动和祭祀仪式中。

2. 社会の発展に伴って、その技術を学ぶ人が少なくなってきているというのが現実ですが。

随着社会的发展,学习那门技术的人越来越少也是个现实情况。

3. 史書によると、唐の時代、女性は切り紙を飾り物として頭に貼ったりしました。

根据史书记载,唐代的女子把剪纸当作装饰品贴在头上。

4. ハサミ一つと紙一枚で切り紙を作るのは簡単に見えます。

用一把剪刀和一张纸来剪纸看起来很简单。

5. 切り紙の作り方は、一枚一枚切ったり、何枚もの紙を重ねて一回で切ることもあります。

剪纸的制作方法有一张一张剪的,也有几张叠在一起剪的。

6. 各地の人々の生活習慣や審美意識が異なっていることから、地域によって特徴が違います。

由于各地人们的生活习惯、审美观不同,因此不同地区的剪纸也各有其特点。

7. 赤は中国の正月や祭りに使われる色で、めでたい色ですよ。

红色在中国往往是春节等节日里所使用的颜色,是非常喜庆的一种颜色。

8. 専門職人をはじめ、社会全体がともに努力すれば、切り紙には新たに発展する道が開かれるでしょう。

以剪纸手艺人为引领,只要全社会共同努力,那么剪纸文化将开拓出一条新的道路。

9. 切り紙のプロたちが念には念を入れて作るものです。

剪纸是那些手艺人精心制作而成的作品。

10. 切り紙は展示会で披露されるほかに、一般の家庭でも使われていますか。

剪纸除了在展览会展出之外,也在中国家庭中使用吗?

三、練習問題

（一）本文の内容に基づいて質問に答えなさい。

1. 紙がいつ発明されましたか。

2. 切り紙はどんな時によく使われるものになりましたか。

3. 古代では切り紙は何から何へと発展しましたか。

4. 切り紙を作る時、なぜ念には念を入れるのですか。

5. 切り紙の場合は北方と南方の違いは何ですか。

（二）次の文を中国語に訳しなさい。

1. 葬式を行うときに焼き払って、生き物の代わりに死者の副葬品にしていました。

2. それを飾り物として体につけていました。

3. 複雑な図案の切り紙は、まず設計された図案を印刷し、その後、適した彫刻刀を選び、図案に沿って紙を刻んでいきます。

4. 切り紙の題材は豊富で、花、鳥、虫、魚、動物、植物、伝説中の人物、古典文学作品に出た人物、京劇のくま取りなどがあります。

5. それは無形文化財ではありませんか、百聞は一見に如かず、ぜひ行ってみたいですね。

（三）会話の練習。

1. 切り紙を作ったことがありますか、どう思いますか。

2. あなたの故郷にはどんな伝統文化がありますか、一つ紹介してください。

答え

第 2 課

元宵節

　元宵節(旧暦1月15日)は中国の伝統的な節句で、寧波では旧暦1月14日に元宵節を祝います。日にちは違いますが、この寧波でも新年の雰囲気は同じように味わえます。

　寧波の元宵節と言えば、「前童元宵行会」です。500年以上も続く浙東地区(浙江省東部)の有名な祭りで、その昔、村に水を引いた祝いから始まりました。旧暦1月14日の午後から始まり、演芸の列が次から次へと町に入って来て、銅鑼を鳴らし、喇叭を鳴らし、獅子舞を踊り、張り子の船が行き来します。町民と観光客が一緒に豊作を祝い、また翌年の無病息災を願います。

　寧海 長 街鎮という町では、元宵節の前後にも伝統的な節句があります。旧暦1月
13日の「山頭村灯人文化節」では、パフォーマーが山車を引き、山車の上には生き生き
と光を放つ100余りの小さな人形が並びます。

　また、龍の旗、太鼓を収めた楼閣式の山車、清の時代の衣装をまとった人など、見事
な民族的出し物が披露されます。旧暦1月18日夜の「行 大 龍」は、西塢古村の空 中を
長さ30メートル余りの黄 龍と青 龍が飛び回ります。一年で一番賑やかな日です。「行
大龍」は浙江省の無形文化財に指定されています。

（登場人物：観光客の高橋さん、ガイドの李さん、地元の王さんと陳さん）

李：明日は中国の元宵節なので、せっかくだから、一緒に見にいきませんか。

高橋：「前童元宵行会」という寧波の有名な祭りを聞いたことがあります。見てみた
いですね。

王：いいですね、ぜひ。

➤ 前童元宵行会当日

高橋：すごい場所ですね、すばらしい。

李：そろそろ出てきますよ、ほら、銅鑼の音、ラッパの音が聞こえてきます。高橋

さん、写真撮るのを忘れないように。

　王：この祭りは500年以上の歴史があります。町民と観光客が一緒に豊作を祝い、また翌年（よくとし）の無病息災を願うもので、今まで続いてきました。

　高橋：楽しみですね。あ、もうやってきましたね。最初のあれは獅子舞じゃないですか、すごい踊りですね。

　王：獅子舞は元宵行会に欠かせないものですよ。ほら、田中さん、あの橋模様の道具の上で、子供たちがブランコをしていますよ。結構面白いでしょう。

　高橋：本当。わあ、すごい塔（とう）ですね。周りに提灯が掛（か）かっているんですね。初めて見ました。

　李：やっと巨龍（きょりゅう）が出てきました。あの船、中に子供が乗っていて、面白そうですね。

　王：高橋さん、友達の故郷寧海では2、3日したら、「山頭村灯人文化節」という祭りがあるのですが、もし興味があったら、ぜひ。

　高橋：そうですか。行ってみたいです。

➤「山頭村灯人文化節」当日

　高橋：すごいですね。参加者が引いている山車、上で生き生きと光を放つ100余りの小さな人形が並んでいます。しかもぐるぐると回るんですね。どうやってできているのでしょうか。

　陳：それはやはり庶民たちの知恵ですよ。ほら、人形の隣にいろんなお菓子や果物を並べて、神に感謝しつつ、豊かな生活が続くようにも祈っております。

　李：高橋さん、明日の祭り「行大龍」はもっとすごいですよ。あの祭りは浙江省の無形文化財なんですよ。

　高橋：いいですね、楽しみですね。

➤「行大龍」祭り当日

陳：高橋さん、あそこで待つと、二体の龍の姿が見られるので、行きましょう。

高橋：はいはい、すごいものが出てくるみたいですね。

陳：来た来た、ほら、二匹の龍がそれぞれ東と西の方向からやってきて、最後向かい合います。

高橋：すばらしい。龍の長さは40メートルもあるんですよね。

李：はい、身長は39メートルで、高さは3.5メートルですよ。

高橋：すごい。こんなに長い龍を持つのにどれぐらい人数が必要ですか。

李：約80人も必要です。村民（そんみん）はあと二つ小龍（こりゅう）を取り入れようとしましたが、持つ人の数が足りなくて、やめました。

高橋：私も参加しましょうか、人数が足りないなら。

陳：大歓迎です。ぜひ。

高橋：ありがとうございます。また機会があったら、寧波の元宵節に参加したいです。今回案内して頂いて本当にありがとうございました。

陳：それは本当によかったです。またぜひいらっしゃってください。

★ 一、単語

旧暦（きゅうれき）：旧历，阴历

節句（せっく）：节日

味わう（あじわう）：品尝；鉴赏；体会

演芸（えんげい）：表演艺术，文艺表演

銅鑼（どら）：锣

ラッパ：喇叭，号

獅子舞（ししまい）：舞狮

張り子（はりこ）：纸糊的小道具

行き来（いきき）：往来，去和来

町民（ちょうみん）：镇民

観光客（かんこうきゃく）：游客

豊作（ほうさく）：丰收

翌年（よくとし）：次年，第二年

無病息災（むびょうそくさい）：无病无灾

前後（ぜんご）：前后；先后顺序；左右

パフォーマー（performer）：表演者

ブランコ（blanco）：秋千

山車（だし）：彩饰的花车

放つ（はなつ）：放；发射；点火，放火

太鼓（たいこ）：鼓，大鼓

収める（おさめる）：放进，收藏；收录

出し物（だしもの）：演出节目

披露（ひろう）：披露，宣布

古村（こむら）：古村

空中（くうちゅう）：空中；天空

飛び回る（とびまわる）：飞来飞去；到处乱跑；东奔西走

指定（してい）：指定

★ 二、文型表現

1. 日にちは違いますが、新年の雰囲気は同じように味わえます。

   虽然各个地方时间不同，但同样能感受到新年的氛围。

2. 寧波の元宵節と言えば、「前童元宵行会」です。

   说起宁波的元宵节，莫过于前童元宵行会了。

3. 明日は中国の元宵節なので、せっかくだから、一緒に見にいきませんか。

  明天是中国的元宵节,机会难得,不一起去看吗?

4. この祭りは500年以上も続く浙東地区の有名な祭りです。

  这种庆典活动是持续了500年以上的浙东地区有名的活动。

5. 銅鑼の音、ラッパの音が聞こえてきます。

  锣鼓声、喇叭声渐渐地从远方传来。

6. 獅子舞は元宵行会に欠かせないものです。

  舞狮是闹元宵时不可缺少的节目。

7. 神に感謝しつつ、豊かな生活が続くようにも祈っております。

  一边感谢神灵的恩赐,一边祈祷能继续这种富足的生活。

8. あの祭りは浙江省の無形文化財なんです。

  那个庆典活动是浙江省的非物质文化遗产。

9. また機会があったら、寧波の元宵節に参加したいです。

  如果还有机会,我还想参加宁波的元宵节活动。

10. 今回案内して頂いて本当にありがとうございました。

  感谢你们这次带我来参观。

三、練習問題

(一)本文の内容に基づいて質問に答えなさい。

1. 寧波ではいつ元宵節を祝いますか。

2.「前童元宵行会」はいつから始まったのですか。

3.「山頭村灯人文化節」ではその山車の上に何を置きますか。

4. 黄龍と青龍ははどこを飛び回るのですか。

5. 浙江省の無形文化財は何ですか。

（二）次の文を中国語に訳しなさい。

1. 町民と観光客が一緒に豊作を祝い、また翌年の無病息災を祈ります。

2. 龍の旗、太鼓を収めた楼閣式の山車、清の時代の衣装をまとった人など、見事な民
　族的出し物が披露されます。

3. 西畧古村の空中を長さ30メートル余りの黄龍と青龍が飛び回ります。一年で一
　番賑やかな日です。

4. パフォーマーが引いている山車、上で生き生きと光を放つ100余りの小さな人形
　が並んでいます。

5. 二本の龍がそれぞれ東と西の方向からやってきて、最後向かい合います。

（三）会話の練習。

1. あなたは元宵節をどのように過ごすか、紹介してください。

2. あなたの故郷では、どんな伝統行事がありますか、紹介してください。

答え

第 3 課

竹細工

　寧波は良質の竹の産地として知られています。物、漆、蒔絵など様々な技を持つ職人が、茶道具から日用品に至るまで、多彩な商品の製作に携わっています。

　昔、竹の美しさに魅了された寧波の人々は、自然界の竹の美しさを茶道の道具として用いた居士の心眼に感服し、一人、二人から茶道具作家としての道を歩み始めました。茶杓、蓋置き、花入れをはじめとした創作活動に積極的に取り組み、他に類を見ない卓越した作品を世に提供してきました。職人たちが「自然がつくる竹の美」の追求に生涯を費やしたと言えます。現在もその意志と技術は脈々と次世代の職人に受け継がれています。竹以外の別の原料を取り入れ、新たな息吹を吹き込むべく上質な茶道具作りを続けています。

　竹は茶道具以外にも、照明器具などのインテリア、小物、傘、団扇、竿などの製作に用いられてきました。これによって、海外における寧波の竹工芸の高評価にもつながっていきました。

　竹細工の加工過程はこのようになります。
　(1)伐採：生えてから4～5年の竹を伐ります…伐採時期は竹内部の水分が減る秋から晩秋までの時期です。
　乾燥：約2ヶ月～3ヶ月間、自然乾燥させます。水分が抜けやすくするために逆さに立てておきます。
　(2)油抜き：熱を加え、竹の水分と油分を抜きます。この過程には2つの方法があります。
　①湯抜き(湿式)：水酸化ナトリウムを加えた湯で竹を沸騰する方法です。特徴：柔らかく籠網に適しています。
　②火炙り(乾式)：炭火やガス火で直接竹を炙りながら油を拭き取る方法です。特徴：繊維が固くなり割れにくくなります。
　(3)晒し：屋外に干して天日に晒します。3週間ほどで緑色が抜けて、艶が出てきます。

（4）保管：カビが生えないように倉庫で保管します。用途にもよりますが、2〜5年かけ乾燥させます。

（5）二次加工：茶道具や日用品など様々な商品が加工されます。

（登場人物：観光客の高橋さん、ガイドの李さん、地元の宋さん）

宋：ここは寧波の有名な竹細工の産地です。物、漆、蒔絵など様々な技を持つ職人によって、茶道具から日用品に至るまで、多彩な商品が作られているんです。

高橋：これは茶道具ですか。

宋：はい、茶道具です。完成品です。

高橋：みんな芸術的ですね。

宋：昔から寧波の人は竹の美しさに魅了され、竹製品を積極的に作ってきました。

高橋：そうですか。えっ、あれは傘ではありませんか。飾り物の他にもあるんですね。

李：そうなんです。インテリア、小物、団扇、竿なども作られているようです。

宋：それだけではありません。幅広い分野で使われていますよ。例えば、伝統行事やエコロジー商品として竹炭、竹酢液なども作られています。

高橋：すごいですね、勉強になります。仕上がるまでかかる時間はどのぐらいですか。

宋：完成した道具になるまで一連の過程が必要となります。それは伐採、乾燥、油抜き、晒す、保管、二次加工というプロセスです。

高橋：すごい手間をかけますね。ちなみに、竹を取る時期はいつがいいですか。

宋：やはり秋から晩秋までの時期です。その時期は竹の中の水分が減る時期なんですよ。

高橋：なるほど。乾燥したものでないと、カビが生えてしまうからですね。

宋：その通りです。高橋さんも竹のことをよくご存じですね。

高橋:いえいえ、ちょっと竹についての本を読んだだけです。ところで、職人たちが
いる工場へ見学に行きたいのですが…

李:そうですか、では午後工場へご案内します。今もう昼食の時間ですから、まず一
階で食事にしましょう。

高橋:あっ、確かにお腹が空いてきました。

李:では、あちらへどうぞ。

高橋:はい、どうも。

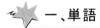 一、単語

竹細工(たけざいく):竹工

良質(りょうしつ):质量良好

漆(うるし):漆树;漆

蒔絵(まきえ):泥金画

茶道具(ちゃどうぐ):茶具

日用品(にちようひん):日常用品

多彩(たさい):彩色,缤纷

携わる(たずさわる):参与,从事;有关系

魅了(みりょう):摄人心魄,使……入迷

居士(こじ):居士

心眼(しんがん):慧眼

感服(かんぷく):钦佩,悦服

茶杓(ちゃしゃく):小茶勺

蓋置き(ふたおき):茶具中的茶托

花入れ(はないれ):日本花道中的一种插花器

創作(そうさく):创造;创作

類を見ない(たぐいをみない):独一无二

卓越(たくえつ):卓越,超群

追求(ついきゅう):追求,寻求

生涯(しょうがい):一生;生涯

費やす(ついやす):花费,耗费,消耗

意志(いし):意志

脈々(みゃくみゃく):连续不断;强烈感

職人(しょくにん):手艺人,工匠

受け継ぐ(うけつぐ):继承,承继

息吹(いぶき):呼吸;气息

吹き込む(ふきこむ):刮进,吹入;注入,灌输

上質(じょうしつ):优质,上好

照明器具(しょうめいきぐ):照明灯具

インテリア(interior):室内装饰

小物(こもの):小东西,零件

団扇(うちわ):团扇

竿(さお):竹竿,竿子

竹工芸(たけこうげい):竹工艺

高評価(こうひょうか):高评价

伐採(ばっさい):采伐,砍伐

伐る(きる):修剪

晩秋(ばんしゅう):晚秋,暮秋

乾燥(かんそう):干燥,干巴

逆さに(さかさに):倒,颠倒;相反

過程(かてい):过程

水酸化ナトリウム(すいさんか Natrium)：氢氧化钠

沸騰(ふっとう)：沸腾；情绪高涨

籠編み(かごあみ)：编筐

炭火(すみび)：炭火

炙る(あぶる)：烤，晒；烤干

拭き取る(ふきとる)：擦去，抹掉

繊維(せんい)：纤维

晒す(さらす)：暴晒；暴露

天日(てんぴ)：太阳光

艶(つや)：光泽，润泽

倉庫(そうこ)：仓库，货栈

加工(かこう)：加工

完成品(かんせいひん)：成品

伝統行事(でんとうぎょうじ)：传统活动

エコロジー(ecology)：生态；生态学

竹炭(ちくたん)：竹炭

プロセス(process)：过程

カビ：霉菌

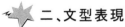 ## 二、文型表現

1. 寧波は良質の竹の産地として知られています。

   宁波作为优良的竹子产地而广为人知。

2. 物、漆、蒔絵など様々な技を持つ職人が、茶道具から日用品に至るまで、多彩な商品の製作に携わっています。

   拥有造物、漆艺、彩涂等各种技能的工匠从事着从茶具到用品等丰富多彩的商品的制作。

3. 自然界の竹の美しさを茶道の道具として用いた居士の心眼に感服し、一人、二人から茶道具作家としての道を歩み始めました。

我佩服于居士的慧眼，他们利用自然界的竹子之美把它做成茶具，然后从一个人、两个人开始走上了茶具制作家的道路。

4. 茶杓、蓋置き、花入れをはじめとした創作活動に積極的に取り組みました。

积极致力于制造以茶勺、盖托、花瓶为主的商品。

5. これによって、海外における寧波の竹工芸の高評価にもつながっていきました。

与此同时，宁波的竹工艺制品在海外也享有盛誉。

6. 竹は生えてから4〜5年の竹を伐ります。

竹子经过四五年后才能进行砍伐。

7. 伐採時期は竹内部の水分が減る秋から晩秋までの時期です。

砍伐竹子时期应为竹子里面的水分开始减少的初秋至晚秋时期。

8. 伐られた竹は約2ヶ月〜3ヶ月間、自然乾燥させます。

砍下来的竹子用两三个月的时间让其自然干燥。

9. 水分が抜けやすくするために逆さに立てておきます。

把竹子倒立起来放置使其水分更容易蒸发。

10. カビが生えないように倉庫で保管します。

为了防止其发霉而放在仓库里妥善保管。

★ 三、練習問題

（一）本文の内容に基づいて質問に答えなさい。

1. 昔の寧波人は自然界の何に魅了されましたか。

2. 茶道具の他にどんな物も作られていますか、三つの例を挙げなさい。

3. 竹工の加工過程はどうなりますか。

4. 油抜きの過程にはいくつの方法がありますか、それぞれ何と言いますか。

5. なぜ伐った竹を倉庫に保管しなければなりませんか。

（二）次の文を中国語に訳しなさい。

1. 現在もその意志と技術は脈々と次世代の職人に受け継がれています。

2. 竹以外も含めた自然素材と向き合い、新たな息吹を吹き込むべく上質な茶道具作りを続けています。

3. 熱を加え、竹の水分と油分を抜きます。

4. 屋外に干して天日に晒す。3週間ほどで緑色が抜け、艶が出てきます。

5. 例えば、伝統行事やエコロジー商品として竹炭、竹酢液なども作られています。

（三）会話の練習。

1. 他の竹で作られた商品を見たことがありますか、何ですか。

2. 日本では竹で作られた商品を知っていますか、紹介してください。

3. 「職人気質」についてどう思いますか。

答え

付　録　常用観光日本語用語

1．出発

1.1　座り

航空券(こうくうけん)	飞机票
搭乗券(とうじょうけん)	登机牌
座席番号(ざせきばんごう)	座号
エコノミークラス(economy class)	经济舱
ビジネスクラス(business class)	商务舱
ファーストクラス(first class)	头等舱
手荷物(てにもつ)	随身携带的行李
酸素(さんそ)	氧气
窓側席(まどがわせき)	靠窗的位子
通路側席(つうろがわせき)	靠走道的位子
喫煙席(きつえんせき)	吸烟区的位子
禁煙席(きんえんせき)	禁烟区的位子
非常口(ひじょうぐち)	紧急出口
救命胴衣(きゅうめいどうい)	救生衣
通す(とおす)	让……通过,借过
空きトイレ(あき toilet)	空的厕所
使用中(しようちゅう)	使用中
イヤホン(earphone)	耳机
呼び出しボタン(よびだし button)	呼叫钮
読書灯(どくしょとう)	阅读灯
客室乗務員(きゃくしつじょうむいん)	空乘
スチュワーデス(stewardess)	空姐

1.2　飲食服務

飲み物(のみもの)	饮料
お水(おみず)	水
氷(こおり)	冰块
お湯(おゆ)	开水
白湯(しらゆ)	白开水
コーヒー(coffee)	咖啡
コカコーラ(Coca Cola)	可口可乐
ペプシコーラ(Pepsi Cola)	百事可乐
ジュース(juice)	果汁
オレンジジュース(orange juice)	柳橙汁
アップルジュース(apple juice)	苹果汁
スプライト(Sprite)	雪碧
セブンアップ(Seven-up)	七喜
お茶(おちゃ)	茶
紅茶(こうちゃ)	红茶
水割り(みずわり)	兑水稀释的酒
お酒(おさけ)	酒
ワイン(wine)	红酒
ウイスキー(whiskey)	威士忌
魚(さかな)	鱼
牛肉(ぎゅうにく)	牛肉
鶏肉(けいにく)	鸡肉
スペアリブ(sparerib)	排骨

1.3　機内買物

呼ぶ(よぶ)	呼叫
支払い(しはらい)	支付
免税品(めんぜいひん)	免税商品
トラベラーズチェック(traveler's check)	旅行支票
クレジットカード(credit card)	信用卡

1.4　その他のサービス

破棄袋(はいきぶくろ)	呕吐袋
毛布(もうふ)	毛毯
枕(まくら)	枕头
雑誌(ざっし)	杂志
新聞(しんぶん)	报纸
酔い止めの薬(よいどめのくすり)	晕机药
無料サービス(むりょう service)	免费服务
お絞り(おしぼり)	湿毛巾
入国カード(にゅうこく card)	入境卡

2. 到着

2.1　入国審査

入国管理(にゅうこくかんり)	入境检查
入国審査(にゅうこくしんさ)	入境检查
入国申告書(にゅうこくしんこくしょ)	入境申请表
パスポート(passport)	护照

ビザ査証(visa さしょう)	护照上的签证
案内所(あんないしょ)	询问处
目的(もくてき)	目的
滞在(たいざい)	停留
帰りの航空便(かえりのこうくうびん)	回程机票

2.2 荷物受取

荷物受取(にもつうけとり)	领取行李
荷物受取所(にもつうけとりじょ)	行李处
紛失(ふんしつ)	丢失
破損(はそん)	破损
取り間違える(とりまちがえる)	弄错,搞错
タグ(tag)	标签

2.3 税関審査

税関審査(ぜいかんしんさ)	海关检查
検疫(けんえき)	隔离,检疫
予防接種証明書(よぼうせっしゅしょうめいしょ)	预防接种证明书
荷物預り証(にもつあずかりしょう)	行李牌
税関(ぜいかん)	海关
税関申告書(ぜいかんしんこくしょ)	海关申报表
通貨申告(つうかしんこく)	货币申报现金
持ち込み禁止品(もちこみきんしひん)	违禁品
腕時計(うでどけい)	手表
カメラ(camera)	照相机

果物(くだもの)	水果
野菜(やさい)	蔬菜
土産(みやげ)	土特产
贈り物(おくりもの)	礼品

2.4　外貨の両替

両替所(りょうがえしょ)	兑换处
為替レート(かわせ rate)	汇率
小銭(こぜに)	零钱
小切手(こぎって)	支票
紙幣(しへい)	纸币
硬貨(こうか)/コイン(coin)	硬币
ドル(dollar)	美元
ユーロ(Euro)	欧元

2.5　観光案内所

観光案内所(かんこうあんないじょ)	观光服务处
観光バス(かんこう bus)	观光车,旅游车
レンタカー(rental car)	租车
ポーターさん(porter)	搬运工
切符(きっぷ)	车票
乗車券(じょうしゃけん)	车票

3. 泊る

3.1　予約

予約確認書(よやくかくにんしょ)	预约确认单
名前(なまえ)	姓名
今晩(こんばん)	今晚
満室(まんしつ)	客满
シングル(single)	单人房
ツイン(twin)	双人房(有2张单人床)
ダブル(double)	双人房(有1张双人床)
バス付の部屋(bath つきのへや)	带浴室的房间
バス無しの部屋(bath なしのへや)	不带浴室的房间

3.2　宿泊の手続き

チェックイン(check in)	办理住宿手续
フロント(front)	柜台,服务台
前金(ぜんきん)	预付款
保証金(ほしょうきん)	保证金
宿泊カード(しゅくはく card)	住宿卡
貴重品預かり(きちょうひんあずかり)	贵重物品存放
金庫(きんこ)	金库,保险箱
もっと静か(もっとしずか)	更安静的
もっと安い(もっとやすい)	更便宜的
コンシェルジェ(concierge)	门房
ポーター(porter)	旅馆的行李服务人员
ベルボーイ(bel boy)	旅馆大厅的服务员

メイド（maid）   房务服务人员

クローク（cloak）   积存处

3.3　ルームサービス

ルームサービス（room service）   客房服务

クリーニング（cleaning）   洗衣服务

館内電話（かんないでんわ）   内线电话

冷暖房（れいだんぼう）   冷暖气

冷蔵庫（れいぞうこ）   冰箱

テレビ（TV）   电视

バスタオル（bath towel）   浴巾

石鹸（せっけん）   肥皂

歯ブラシ（は brush）   牙刷

トイレットペーパー（toilet paper）   卫生纸

歯磨き（はみが）   牙膏

便箋（びんせん）   信纸

封筒（ふうとう）   信封

3.4　理髪・美容

床屋（とこや）   理发厅

美容院（びよういん）/エステ（este）   美容院

散髪（さんばつ）   理发

シャンプー（shampoo）   洗发

セット（set）   修发

ブロー（blow）   吹风

ヘアートリートメント（hair treatment）	护发
パーマ（perm）	烫发
前髪（まえがみ）	刘海
ヘアクリーム（hair cream）	发霜
ヘアスプレー（hair spray）	发胶
マニキュア（manicure）	涂指甲
マッサージ（massage）	按摩
パック（pack）	面膜

3.5　クレーム

換える（かえる）	换
電気がつかないんです（でんきがつかないんです）	电灯不亮
湯が出ないんです（ゆがでないんです）	没有热水
流れないんですが（ながれないんですが）	冲不出来
詰ってしまったようです（つまってしまったようです）	塞住了
バスタブ（bathtub）	浴缸
掃除（そうじ）	打扫
違います（ちがいます）	违反,不同

3.6　チェックアウト

チェックアウト（check out）	退房
宿泊料金（しゅくはくりょうきん）	住宿费
別料金（べつりょうきん）	额外费用
勘定書（かんじょうしょ）	帐单
清算書（せいさんしょ）	账单

領収書(りょうしゅうしょ)	收据
金額(きんがく)	金額
税金(ぜいきん)	税金
サービス料(service　りょう)	服务费
飲食代(いんしょくだい)	餐费

3.7　ホテル用語と日常用語

敷金(しききん)	押金
廊下(ろうか)	走廊
民宿(みんしゅく)	民宿
ルームチャージ(room　charge)	房费,住宿费
ルームナンバー(room　number)	房间号
喫煙ルーム(きつえん　room)	吸烟室
モーテル(motel)	简易汽车旅馆
ラブホテル(love　hotel)	情人旅馆
客室(きゃくしつ)	客房,接待室
宿屋(やどや)	旅馆
旅館(りょかん)	日式旅馆
温泉旅館(おんせんりょかん)	温泉旅馆
ホール(hall)	大厅
禁煙ルーム(きんえん　room)	禁烟室
ご予約をなさいましたか。 (ごよやくをなさいましたか。)	您有预订吗?
何泊おとまりですか。 (なんぱくおとまりですか。)	您住几晚?

现金でお支払いですか。クレジッカードで　　　您是付现金还是用信用卡？

お支払いですか。

（げんきんでおしはらいですか。Credit card でおしはらいですか。）

ルームカードを見せていただけませんか。　　　我能看一下您的房卡吗？

（Room card をみせていただけませんか。）

お荷物をお持ちしましょう。　　　　　　　　我可以帮您提行李吗？

（おにもつをおもちしましょう。）

ようこそ、いらっしゃいました。　　　　　　欢迎您入住我们酒店。

4．交通

4.1　地下鉄・電車

地下鉄（ちかてつ）	地铁
切符売り場（きっぷうりば）	售票处
自動販売機（じどうはんばいき）	自动贩卖机
電車駅（でんしゃえき）	电车站
周遊券（しゅうゆうけん）	周游券
入り口（いりぐち）	入口
出口（でぐち）	出口

4.2　バス

バス（bus）	巴士,公交车
バス停（bus てい）	公交车站
バス停留所（bus ていりゅうじょ）	大型公交车站
何番（なんばん）	几号
始発（しはつ）	始发,最早

最終(さいしゅう)	末,最后
乗り換える(のりかえる)	换车
次の(つぎの)	下一
行く(いく)	到
降りる(おりる)	下车

4.3　タクシー

タクシー(taxi)	出租车
時間(じかん)	时间
住所(じゅうしょ)	地址
場所(ばしょ)	地方
時間帯(じかんたい)	时段
急ぐ(いそぐ)	赶快,抓紧
曲がる(まがる)	转
領収書(りょうしゅうしょ)	收据
チップ(tip)	小费
交差点(こうさてん)	交叉口

4.4　新幹線

新幹線(しんかんせん)	新干线
片道(かたみち)	单程(车票)
往復(おうふく)	来回(车票)
満席(まんせき)	客满
運賃(うんちん)	车费
急行(きゅうこう)	快车

特急（とっきゅう）	特快车
寝台列車（しんだいれっしゃ）	卧铺车
上段（じょうだん）	上铺
指定席（していせき）	预约位，指定座位
自由席（じゆうせき）	散座位
払い戻し（はらいもどし）	退票
手数料（てすうりょう）	手续费
食堂車（しょくどうしゃ）	餐车
プラットフォーム（platform）	月台
改札口（かいさつぐち）	检票口

4.5　船乗り

船（ふね）	船
出ぱん（しゅっぱん）	启航，出航
船会社（ふながいしゃ）	船公司
港（みなと）	港口
桟橋（さんばし）	码头
停泊（ていはく）	停泊
フェリー（ferry）	渡轮
ホーバークラフト（hovercraft）	气垫船
観光船（かんこうせん）	观光船
船酔いの薬（ふなよいのくすり）	晕船药

4.6　レンタカー

レンタカー会社（rental car かいしゃ）	租车公司

料金表（りょうきんひょう）	价格表
運転免許（うんてんめんきょ）	驾照
国際運転免許証（こくさいうんてんめんきょしょう）	国际驾照
車種（しゃしゅ）	车种
小型車（こがたしゃ）	小型车
中型車（ちゅうがたしゃ）	中型车
大型車（おおがたしゃ）	大型车
マニュアル車（manualしゃ）	手动变速车
オートマチック車（automaticしゃ）	自动变速车
フポーツカー（sports car）	跑车
四輪駆動車（よんりんくどうしゃ）	四轮驱动车
ワゴン車（wagonしゃ）	旅行车
バン（van）	厢型客货两用车
セダン（sedan）	轿车
レンタル料金（rental りょうきん）	租金
乗り捨て料金（のりすてりょうきん）	中途还车的费用
走行距離料金（そうこうきょりりょうきん）	里程距离费用
保証金（ほしょうきん）	保证金
貸し渡し契約書（かしわたしけいやくしょ）	租借契约书
対人保険（たいじんほけん）	对人保险
対物保険（たいぶつほけん）	对物保险
自動車損害賠償保険（そんがいばいしょうほけん）	汽车损害赔偿保险
搭乗者損害保険（とうじょうしゃそんがいほけん）	个人意外险
手荷物保険（てにもつほけん）	个人财物险
盗難保険（とうなんほけん）	窃贼险

ガソリンスタンド（gasoline stand）	加油站
無鉛ガソリン（むえん gasoline）	无铅汽油
ハイオクタンガソリン（high octane gasoline）	高辛烷汽油
レギュラーガソリン（regular gasoline）	普通无铅汽油
給油ポンプ（きゅうゆ pump）	加油枪；抽油机

5. 観光

5.1 ガイドブックの請求

ガイドブック（guidebook）	旅游指南
町の地図（まちのちず）	市内地图
無料（むりょう）	免费
路線図（ろせんず）	路线图

5.2 観光団への問い合わせ

ツアー（tour）	旅行团
申し込み（もうしこみ）	报名
チケット（ticket）	门票
入場料（にゅうじょうりょう）	入场费
観光コース（かんこう course）	观光行程
半日コース（はんにち course）	半日游
一日コース（いちにち course）	一日游
夜コース（よる course）	夜间观光
島巡り（しまめぐり）	环岛

5.3　観光内容の問い合わせ

名所（めいしょ）	名胜
古跡（こせき）	古迹
皇居（こうきょ）	皇宫
明治神宮（めいじじんぐう）	明治神宫
動物園（どうぶつえん）	动物园
ディズニーランド（Disneyland）	迪士尼乐园
美術館（びじゅつかん）	美术馆
博物館（はくぶつかん）	博物馆
東京（とうきょう）	东京
横浜（よこはま）	横滨
京都（きょうと）	京都
奈良（なら）	奈良
雷門（かみなりもん）	雷门

5.4　観光地で

展示（てんじ）	展览
写真（しゃしん）	拍照
富士山（ふじさん）	富士山
シンボル（symbol）	象征
登山シーズン（とざん　season）	登山的季节
山開き（やまびらき）	开山
山じまい（やまじまい）	封山
夜景（やけい）	夜景
星（ほし）	星斗

撒く（まく）	撒满了
函館（はこだて）	函馆
感動（かんどう）	感动
温泉（おんせん）	温泉

5.5　日本の伝統芸術の鑑賞

ねぶた祭り（ねぶたまつり）	睡魔祭
浮世絵（うきよえ）	浮世绘
美しい（うつくしい）	很美
花道（かどう）	插花艺术
生け花（いけばな）	插花
流派（りゅうは）	流派
古流（こりゅう）	古流
小原流（おばらりゅう）	小原流
茶道（さどう）	茶道
実演（じつえん）	表演，演出

6.　娯楽

6.1　芝居・音楽

歌舞伎（かぶき）	歌舞伎
芝居（しばい）	戏剧
歌（うた）	歌曲
踊り（おどり）	舞蹈
組み合わせ（くみあわせ）	综合表演
コンサート（concert）	音乐会

演奏会(えんそうかい)	演奏会
中央よりの(ちゅうおうよりの)	靠中央的
もう少し前の(もうすこしまえの)	稍微前面一点的
出し物(だしもの)	演出节目
バレー(ballet)	芭蕾
室内楽(しつないがく)	室内乐
ジャズ(jazz)	爵士乐
ポップ・ミュージック(pop music)	流行音乐
ロックンロール(rock'n'roll)	摇摆舞
管弦楽団(かんけんがくだん)	管弦乐团

6.2　映画・テレビ

映画(えいが)	电影
映画館(えいがかん)	电影院
アクション映画(action えいが)	动作片
SF映画(science fiction えいが)	科幻片
冒険映画(ぼうけんえいが)	冒险片
ホラー映画(horror えいが)	恐怖片
オカルト映画(occult えいが)	神秘超自然的片子
恋愛もの(れんあいもの)	爱情片
刑事もの(けいじもの)	警匪片
コメデイー(comedy)	喜剧片
アニメーション(animation)	卡通片
ドキュメンタリー(documentary)	纪录片
無声映画(むせいえいが)	无声片

映画監督（えいがかんとく）	电影导演
映画スター（えいが star）	电影演员
男優（だんゆう）	男演员
女優（じょゆう）	女演员
俳優（はいゆう）	演员
主役（しゅやく）	主角

6.3　娯楽場

バー（bar）	酒吧
雰囲気（ふんいき）	气氛,情调
ナイトクラブ（night club）	夜总会
フロアショー（floor show）	歌舞表演
ディスコ（disco）	迪斯科
レコート（record）	唱片
生の音楽（なまのおんがく）	现场演奏的音乐

6.4　ボール類のスポーツ

スポーツ（sports）	体育运动
サッカー（soccer）	足球
試合（しあい）	比赛
野球（やきゅう）	棒球
ボーリング（bowling）	保龄球
テニス（tennis）	网球
ゴルフ（golf）	高尔夫
野球場（やきゅうじょう）	棒球场

競技場（きょうぎじょう）	体育场
テニスコート（tennis court）	网球场
ラケット（racket）	球拍
相撲（すもう）	相扑
スキー（skiing）	滑雪
スキー用具（skiing ようぐ）	滑雪用具
自転車（じてんしゃ）	自行车
水泳（すいえい）	游泳
プール（pool）	游泳池
海水浴場（かいすいよくじょう）	海水浴场
サーフィン（surfing）	冲浪
サーフボート（surf boat）	冲浪板
見張り（みはり）	救生员

7.　買物

7.1　ショッピングスポット

ショッピング（shopping）	购物
秋葉原（あきはばら）	秋叶原
デパート（department）	百货公司
コンビニ・ストア（convenience store）	便利店
スーパー（super）	超级市场
売り場（うりば）	专卖店，专柜

7.2　電器

テレビ（TV）	电视

ビデオ(video)	录像机
ビデオカメラ(video camera)	摄像机
デジタルカメラ(digital camera)	数字相机
カメラ(camera)	照相机
ＭＤプレーヤー(MD player)	迷你音碟
パソコン(personal computer)	个人电脑
プリンター(printer)	打印机
ソニー(SONY)	索尼
松下電器(まつしたでんき)	松下电器
エヌイーシー(NEC)	日本电器股份有限公司
東芝(とうしば)	东芝
日立(ひたち)	日立
三洋(さんよう)	三洋
アイワ(AIWA)	爱华
本体(ほんたい)	主机
部品(ぶひん)	零件
付属品(ふぞくひん)	附属品
コード(cord)	电线
スイッチ(switch)	开关
コンセント(concentric)	插头
バッテリー(battery)	电池
リモコン(remote control)	遥控器
電源(でんげん)	电源
吹き替え(ふきかえ)	配音
封切(ふうきり)	首映

テレビ番組（TV　ばんぐみ）	电视节目
チャンネル（channel）	频道
ドラマ（drama）	电视剧

7.3　服装

紳士服（しんしふく）	男装
婦人服（ふじんふく）	女装
子供服（こどもふく）	童装
背広（せびろ）	西装
スカート（skirt）	裙子
ミニスカート（mini skirt）	迷你短裙
ジーンズ（jeans）	牛仔裤
寝巻き（ねまき）	睡衣
浴衣（ゆかた）	夏天穿的简易和服
ワンピース（one piece）	连衣裙
ジャケット（jacket）	夹克
ブラウス（blouse）/ワイシャツ（Y-shirt）	衬衫
パンツ（pants）	短裤
袖なし（そでなし）	背心
上着（うわぎ）	上衣
下着（したぎ）	内衣
キャミソール（camisole）	吊带
スーツ（suit）	套装
チャック（chuck）	拉链
ボタン（button）	扣子

生地(きじ)	布料
コットン(cotton)	棉
シルク(silk)	蚕丝
ナイロン(nylon)	尼龙
ポリエステル(polyester)	聚脂纤维
レーヨン(rayon)	人造丝
麻(あさ)	麻
バスト(bust)	胸围
アンダーバスト(under bust)	下胸围
トップバスト(top bust)	上胸围
ウエスト(waist)	腰围
ヒップ(hip)	臀围
ちょうどいい	刚刚好
きつい	很紧
緩い(ゆるい)	很松
大きい(おおきい)	很大
小さい(ちいさい)	很小
長い(ながい)	很长
短い(みじかい)	很短
試着室(しちゃくしつ)	试衣间,更衣室

7.4　化粧品

化粧品(けしょうひん)	化妆品
口紅(くちべに)	口红
マニキュア(manicure)	指甲油

ファンデーション（foundation）	粉底
マスカラ（mascara）	睫毛膏
アイシャドー（eye shadow）	眼影
香水（こうすい）	香水
濃い（こい）	浓
薄い（うすい）	淡
明るい（あかるい）	亮
暗い（くらい）	暗
コーセー（Kose）	高丝
カネボウ（Kanebo）	佳丽宝
花王（かおう）	花王
ソフイーナー（Sofnon）	诗芙侬

7.5　貴重品

指輪（ゆびわ）	戒指
ネックレス（necklace）	项链
ピアス（pierce）	耳钉
イヤリング（earring）	耳环
ブレスレット（bracelet）	手镯
アンクレット（anklet）	脚链
ブローチ（brooch）	胸针
宝石（ほうせき）	宝石
金（きん）	金
ゴールド（gold）	黄金
プラチナ（platinum）	白金

銀（ぎん）	银
ダイヤモンド（diamond）	钻石
真珠（しんじゅ）	珍珠
翡翠（ひすい）	翡翠
エメラルド（emerald）	祖母绿
キャツアイ（cat's eye）	猫眼石
クリスタル（crystal）	水晶
サファイヤ（sapphire）	蓝宝石
ルビー（ruby）	红宝石

7.6　写真屋で

カメラ屋（camera や）	照相馆
写真（しゃしん）	照片
フィルムの現像（filmのげんぞう）	冲洗照片
引き伸ばし（ひきのばし）	放大
カラーフィルム（color film）	彩色胶卷
乾電池（かんでんち）	干电池

7.7　ほかの商品

靴（くつ）	鞋子
革靴（かわぐつ）	皮鞋
ハイヒール（high heel）	高跟鞋
子供靴（こどもぐつ）	儿童鞋
運動靴（うんどうぐつ）	运动鞋
マフラー（muffler）	围巾

ネクタイ（necktie）	领带
ベルト（belt）	皮带
財布（さいふ）	钱包
バッグ（bag）	皮包
手袋（てぶくろ）	手套
帽子（ぼうし）	帽子
眼鏡（めがね）	眼镜
低すぎます（ひくすぎます）	太低
きつすぎます	太紧
大きすぎます（おおきすぎます）	太大
小さすぎます（ちいさすぎます）	太小

7.8　商品の取り換え

破れる（やぶれる）	破
汚れる（よごれる）	脏
取れる（とれる）	掉下来
腐る（くさる）	腐烂
有効期限（ゆうこうきげん）	有效期限
保証書（ほしょうしょ）	保证书
保障期間（ほしょうきかん）	保修期

7.9　包装

包装紙（ほうそうし）	包装纸
箱（はこ）	箱子
袋（ふくろ）	袋子

リボン（ribbon）	缎带
テープ（tape）	胶带
シール（seal）	封笺

8. 飲食

8.1　メニュー（menu）

8.1.1　日本料理

8.1.1.1　飯類

カツ丼（かつどん）	猪排饭
親子丼（おやこどん）	鸡肉蛋盖饭
天丼（てんどん）	炸虾盖饭（天妇罗盖饭）
鉄火丼（てっかどん）	生金枪鱼片紫菜盖饭
牛丼（ぎゅうどん）	牛肉盖浇饭
鰻丼（うなどん）	鳗鱼盖饭
カレーライス（curry rice）	咖喱饭
握りずし（にぎりずし）	手握寿司
稲りずし（いなりずし）	豆腐皮寿司

8.1.1.2　麺類

うどん	乌冬面
蕎麦（そば）	荞麦面
冷やし饂飩（ひやしうどん）	凉面
月見饂飩（つきみうどん）	（加生蛋的）汤面
焼き蕎麦（やきそば）	炒面
ラーメン（ramen）	拉面
そうめん	挂面

8.1.1.3　揚げ物

エビフライ	炸虾
とんかつ	炸猪排
魚フライ/魚の天婦羅(さかなのてんぷら)	炸鱼
ナスのてんぷら	炸茄子

8.1.1.4　サラダ

野菜サラダ(やさい salad)	青菜沙拉
蝦サラダ(えび salad)	虾肉沙拉
たこサラダ(たこ salad)	章鱼沙拉

8.1.1.5　スープ類

汁(しる)/スープ(soup)	汤
吸い物(すいもの)	清汤
味噌汁(みそしる)	味噌汤
とんじる	猪肉酱汤
のりの吸い物(のりのすいもの)	紫菜汤
野菜スープ(やさい soup)	青菜汤

8.1.1.6　各種の料理

鋤焼き(すきやき)	寿喜烧
よせなべ	什锦火锅
炉辺料理(ろばたりょうり)	炉边火锅
ふぐ料理(ふぐりょうり)	河豚料理
精進料理(しょうじんりょうり)	素食
鉄板焼き(てっぱんやき)	铁板烧
串焼き(くしやき)	串烧
焼き鳥(やきとり)	鸡肉串烧

あら煮(あらに)	煮杂烩
酢の物(すのもの)	泡菜
漬物(つけもの)	淹渍物
おつまみ	下酒菜

8.1.2　飲み物・お菓子

コーヒー(coffee)	咖啡
ブラックコーヒー(black coffee)	纯咖啡
カフェオーレ(café au lait)	奶咖啡
アイスコーヒー(ice coffee)	冰咖啡
紅茶(こうちゃ)	红茶
レモンティー(lemon tea)	柠檬茶
ミルクティー(milk tea)	奶茶
ビール瓶(beer びん)	听装啤酒
生ビール(なま beer)	生啤酒
レモンスカッシュ(lemon squash)	柠檬苏打
ミルク(milk)	牛奶
ミネラルウォーター(mineral water)	矿泉水
フルーツジュース(fruit juice)	果汁
ココア(cocoa)	可可
シャーベット(sherbet)	冰牛奶果冻
スナック(snack)	点心
サンドイッチ(sandwich)	三明治
ホットドッグ(hot dog)	热狗
ハンバーガー(hamburger)	汉堡
ドーナツ(donut)	甜甜圈

デザート（dessert）	糕点
パイ（pie）	派
ケーキ（cake）	蛋糕
ゼリー（jelly）	果冻

8.1.3　レストラン

8.1.3.1　洋食

フランスパン（French bun）	法国面包
ガーリックトースト（garlic toast）	蒜泥吐司
ベイクドポテト（baked potato）	烤马铃薯
バター（butter）	奶油
ジャム（jam）	果酱
スパゲッティー（spagetti）	意大利面
マカロニー（macaroni）	通心粉

8.1.3.2　肉類

牛肉（ぎゅうにく）	牛肉
豚肉（ぶたにく）	猪肉
鶏肉（とりにく）	鸡肉
羊肉（ようにく）	羊肉
ビフステーキ（beef steak）	牛排
ハム（ham）	火腿
ベーコン（bacon）	熏肉
ソーセージ（sausage）	香肠

8.1.3.3　海産物

鮑（あわび）	鲍鱼
蛤（はまぐり）	蛤蜊

鱈(たら)	鳕鱼
蟹(かに)	蟹
伊勢海老(いせえび)	(日本)龙虾
ロブスター(lobster)	龙虾
鮭(さけ)	鲑鱼
貝柱(かいばしら)	干贝
かき	牡蛎
鱒(ます)	鳟鱼
鮪(まぐろ)	金枪鱼

8.1.3.4 野菜

白菜(はくさい)	白菜
葱(ねぎ)	葱
アスパラガス(asparagus)	芦笋
カリフラワー(cauliflower)	花椰菜
キャベツ(cabbage)	包心菜
レタス(lettuce)	生菜
ほうれんそう	菠菜
胡瓜(きゅうり)	黄瓜
玉葱(たまねぎ)	洋葱
ピーマン(piment)	青椒
牛蒡(ごぼう)	牛蒡
南瓜(カボチャ)	南瓜
セロリ(celery)	芹菜
人参(にんじん)	胡萝卜
椎茸(しいたけ)	香菇

蓮根(れんこん)　　　　　　　　　　　　　蓮藕

8.1.3.5　果物

西瓜(すいか)　　　　　　　　　　　　　　西瓜

蜜柑(みかん)　　　　　　　　　　　　　　橘子

オレンジ(orange)　　　　　　　　　　　柳橙

パパイヤ(papaya)　　　　　　　　　　　木瓜

バナナ(banana)　　　　　　　　　　　　香蕉

パイナップル(pineapple)　　　　　　　　菠萝

桃(もも)/ピーチ(peach)　　　　　　　　桃子

マンゴー(mango)　　　　　　　　　　　芒果

ライチー(litchi)　　　　　　　　　　　荔枝

葡萄(ぶどう)　　　　　　　　　　　　　葡萄

8.2　飲食店

料理(りょうり)　　　　　　　　　　　　菜

料理店(りょうりてん)　　　　　　　　　餐厅,菜馆

郷土料理(きょうどりょうり)　　　　　　地方菜

フランス料理(French　りょうり)　　　法国菜

イタリア料理(Italian　りょうり)　　　意大利菜

レストラン(restaurant)　　　　　　　餐厅

シーフードレストラン(seafood　restaurant)　海鲜餐厅

中華料理(ちゅうかりょうり)　　　　　　中国菜

懐石料理(かいせきりょうり)　　　　　　怀石料理

美味しい(おいしい)　　　　　　　　　　好吃

本格的(ほんかくてき)　　　　　　　　　地道的,正宗的

店の名前(みせのなまえ)	店名
蕎麦屋(そばや)	荞麦面店
ラーメン屋(ramen　や)	拉面店
ファーストフード(fastfood)	快餐
寿司屋(すしや)	寿司店
ケンタッキー(Kentuckey)	肯德基
マクドナルド(McDonald)	麦当劳

8.3　席の予約

予約を取り消す(よやくをとりけす)	取消预约
予約を変更する(よやくをへんこうする)	更改预约
予約済み(よやくずみ)	已预约
日にち(ひにち)	日期
何名さま(なんめいさま)	几位
窓際の席(まどぎわのせき)	靠窗的位子
テラスの席(terrace　のせき)	靠阳台的位子
キャンセル待ち(cancel　まち)	等别人取消
とおりに面した席(とおりにめんしたせき)	面对大马路的位子
連れ(つれ)	同伴
相席(あいせき)	同桌
個室(こしつ)	包厢

8.4　料理の注文

メニュー(menu)	菜单
注文(ちゅうもん)	点(菜);指定

ワインのリスト(wine の list)	葡萄酒的清单
お勧め料理(おすすめりょうり)	推荐菜
特別料理(とくべつりより)	特别菜单
コース(course)	套餐
食前酒(しょくぜんしゅ)	餐前酒
ハウスワイン(house wine)	自制酒
チキンコンソメスープ(chicken consomme soup)	清炖鸡汤
サーロンステーキ(sirloin steak)	沙朗牛排
マッシュポテト(mashed potato)	马铃薯泥
シーフードサラダ(seafood salad)	海鲜沙拉
白見魚(しろみざかな)	炸白肉鱼
てんぷら定食(てんぷらていしょく)	天妇罗套餐
刺身定食(さしみていしょく)	生鱼片套餐
アイスクリーム(ice cream)	冰淇淋

8.5　食事の時

フォーク(fork)	叉子
箸(はし)	筷子
塩(しお)	盐
胡椒(こしょう)	胡椒
醤油(しょうゆ)	酱油
ソース(sauce)	调味酱
甘い(あまい)	甜的
持ち帰り(もちかえり)	外带
袋(ふくろ)	袋子

氷り抜き（こおりぬき）	去冰
微糖（びとう）	少糖
無糖（むとう）/砂糖なし（さとうなし）	无糖

8.6　ファーストフード

パン（bun）	面包
アンパン	馅面包（多是红豆馅）
東京名物（とうきょうめいぶつ）	东京名产
シュウマイ	烧卖
春巻（はるまき）	春卷
食券（しょっけん）	餐券
ホットドッグ（hot dog）	热狗
カウンター（counter）	吧台

8.7　不満を言う

違う（ちがう）	不一样
溢す（こぼす）	弄洒
替える（かえる）	替换
早く（はやく）	快点
汚れる（よごれる）	不干净
生（なま）	生的
焼きすぎる（やきすぎる）	烧得太老
新鮮かちかち（しんせんからから）	硬邦邦
辛すぎる（からすぎる）	太辣
冷える（ひえる）	变冷,变凉

マネージャー（manager）	经理

8.8　勘定

レジ（register）	收银台
私の奢りです（わたしのおごりです）	我请客
サービス料（service　りょう）	服务费
支払い（しはらい）	结帐

9.　遊楽

レジャー（leisure）	娱乐
レクリエーション（recreation）	娱乐
道楽（どうらく）	嗜好
修学旅行（しゅうがくりょこう）	修学旅行
船旅（ふなたび）	乘船旅游
帰省（きせい）	回家探亲
周游（しゅうゆう）	周游
そぞろ歩き（そぞろあるき）	漫步
遠出（とおで）	远游
遠足（えんそく）	郊游,远足
ハイキング（hiking）	徒步旅游
ピクニック（picnic）	野餐
ドライブ（drive）	（驾驶汽车等）兜风
登山（とざん）	登山
キャンピング（camping）	露营
花見（はなみ）	观赏樱花

観菊(かんぎく)	赏菊
月見(つきみ)	赏月
紅葉狩り(もみじがり)	观赏红叶
茸狩り(たけがり)	采蘑菇
潮干狩り(しおひがり)	赶海
狩り(かり)	狩猎
夕涼み(ゆうすずみ)	纳晚凉
パチンコ(pachinko)	弹子游戏
マージャン(Mahjong)	麻将
トランプ(trump)	扑克牌